COMTE HENRY DE CASTRIES

AGENTS
ET
VOYAGEURS FRANÇAIS
AU MAROC

1530-1660

PARIS
ERNEST LEROUX, ÉDITEUR
28, Rue Bonaparte, 28

1911

AGENTS
ET
VOYAGEURS FRANÇAIS
AU MAROC

1530-1660

COMTE HENRY DE CASTRIES

AGENTS
ET
VOYAGEURS FRANÇAIS
AU MAROC

1530-1660

PARIS
ERNEST LEROUX, ÉDITEUR
28, RUE BONAPARTE, 28

1911

Les notices qui suivent ont été publiées dans l'Introduction du troisième volume des *Sources inédites de l'Histoire du Maroc* (1re Série — France). Il a paru intéressant d'en donner un tirage à part pour les rendre plus accessibles.

Ces notices sont placées dans l'ordre chronologique du séjour de chaque personnage au Maroc, mais cet ordre ne saurait être rigoureux : le rôle joué par certains agents les groupe si naturellement ensemble qu'on ne peut les séparer ; d'autres sont venus au Maroc à plusieurs reprises, à des intervalles parfois éloignés.

L'appareil critique qui accompagne ces notices a dû être conservé tel qu'il figurait dans l'Introduction susdite. Il est donc nécessaire pour l'intelligence des références de tenir compte des observations suivantes :

Le mot *supra* renvoie aux pages précédentes du « tirage à part ». Quant au mot *infra*, il est suivi soit d'un chiffre romain, soit d'un chiffre arabe ; dans le premier cas, il indique les pages suivantes de la brochure, dans le second, il renvoie aux pages du troisième volume des *Sources inédites de l'Histoire du Maroc* (1re Série — France). On a d'ailleurs, autant que possible, rédigé les références de façon à faire connaître au lecteur la nature du document cité.

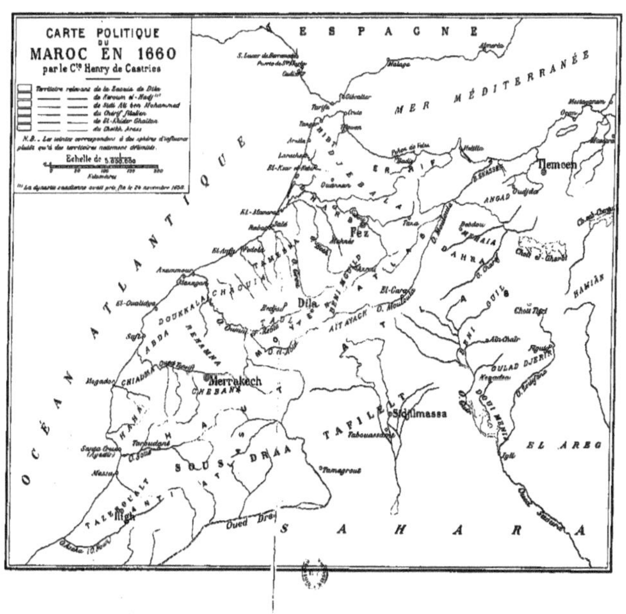

E. Leroux, Éd.

H. Dessoulin, Sc.

AGENTS ET VOYAGEURS FRANÇAIS
AU MAROC
1530-1660

Aymond de Molon. — Ce gentilhomme, d'une famille de la Bresse[1], vint au Maroc avec un compagnon[2] en 1532 ; il arriva à Fez en mars-avril, se donnant pour un marchand et achetant des plumes de panache[3], mais on peut supposer qu'il avait quelque autre mission et devait, à tout le moins, rapporter des renseignements sur le pays. Ayant laissé à Fez son compagnon, il rentra en France avec une lettre[4] du souverain mérinide Ahmed ben Mohammed *el-Ouattassi*[5] pour François Ier. A son retour, Aymond de Molon fit des richesses du Maroc des descriptions exagérées et excita si bien les convoitises de la Cour, qu'en 1533 le Roi se décida à envoyer une mission sous les ordres du colonel de Piton dans ce pays merveilleux. L'expédition, à laquelle avait été adjoint Aymond de Molon, eut une fin malheureuse et lui-même mourut lors du voyage de retour[6], ainsi que son chef et la plupart des gentilshommes qui l'avaient accompagné.

Pierre de Piton. — Colonel de mille hommes de guerre à pied, Pierre de Piton avait dû s'éloigner de France à la suite d'un homi-

1. V. *1re Série*, France, t. I, p. 1, note 1.

2. On ne connaît que le prénom de ce compagnon, Louis. V. *Ibidem*, p. 24.

3. V. *Ibidem*, p. 24, note 3.

4. V. *Ibidem*, p. 28.

5. Sur ce souverain, V. *Ibidem*, p. 10, note 2. Il régna de 1526 à 1548.

6. V. *Ibidem*, p. 20.

cide involontaire[1]; il y rentra avec des lettres de rémission. François Ier le mit à la tête de l'ambassade qu'il envoya au Maroc en 1533[2]. Piton partit le 25 mai de Honfleur avec la galéasse « le Saint Pierre », commandée par le génois Baptiste Auxylia. Cinq gentilshommes et le pseudo-marchand Aymond de Molon faisaient partiè de l'expédition; l'ambassade emportait des montres, des miroirs, des peignes et autres « merceryes » avec quelques articles de fauconnerie; le tout devait être offert au roi de Fez et à son beau-frère Moulay Ibrahim.

L'antagonisme du commandant du navire et de l'ambassadeur fut la cause de conflits sans nombre. Néanmoins Piton put débarquer à Larache et se faire conduire à la mahalla du Roi, qui était dans les environs; il fit la remise des présents, qui furent peu goûtés, puis il accompagna le Roi à Fez, où il séjourna un mois. Il obtint du souverain mérinide une lettre pour François Ier, accordant aux Français la libre navigation sur les côtes du Maroc[3]. Pendant le voyage de l'ambassade à Fez, le génois Auxylia, mû par quelque sentiment de basse vengeance, abandonna son navire au mouillage et passa en Portugal, où il dénonça Pierre de Piton comme ayant importé au Maroc de la contrebande de guerre[4]. Les Portugais organisèrent une croisière pour s'emparer de la galéasse française. Piton, malgré le danger de tomber entre leurs mains, quitta le Maroc; la tempête le jeta dans les îles de Bayonne en Galice (septembre 1533), au large desquelles il mourut de maladie. Tous les gentilshommes qui l'avaient accompagné étaient morts avant lui, à l'exception d'un seul, Josse de La Planque[5], qui réussit à rentrer en France avec la galéasse et aborda en Normandie à la fin de septembre 1533[6].

Geoffroy de Buade. — Ce gentilhomme gascon faisait partie de l'ambassade envoyée en 1560 par Antoine de Bourbon à Moulay

1. Sur cette affaire, V. *Ibidem*, note 4.

2. V. *Ibidem*, pp. 14-21, la Relation que Piton lui-même a faite de son ambassade.

3. V. le texte de cette lettre, *Ibidem*, Doc. IV, pp. 8-11.

4. V. *Ibidem*, pp. 22-39, le texte de l'information faite à Évora contre le colonel de Piton, sur la dénonciation du capitaine Baptiste Auxylia.

5. Sur ce personnage, V. *Ibidem*, p. 41, note 1, et *infra*, pp. 744 et 745.

6. Les animaux amenés du Maroc étaient arrivés en France dès le début d'octobre 1533. V. *Ibidem*, p. 41.

Abdallah *el-Ghalib*[1]. L'objet de cette mission était de négocier la cession au roi de Navarre de la place de El-Ksar es-Seghir et d'obtenir un traité de commerce dont le bénéfice se serait étendu à tous les Français. Mais l'arrière-pensée d'Antoine de Bourbon était de faire de la place marocaine un objet d'échange pour obtenir de Philippe II la restitution de la partie de la Navarre occupée par l'Espagne. Le roi François II avait donné plus ou moins officiellement son assentiment à l'expédition, à la tête de laquelle se trouvait un gentilhomme nommé Montfort, mais dont le véritable chef, en raison de sa connaissance des choses marocaines, était le capitaine portugais Melchior Vaez d'Azevedo[2], au service d'Antoine de Bourbon. L'ambassade s'embarqua sur un navire fourni par Antoine de Noailles, gouverneur de Bordeaux, et partit de ce port le 1er mars 1560. Elle arriva à Agadir (Santa-Cruz-du-Cap-de-Guir) le 17 mars et mit vingt-six jours pour se rendre à Fez. Les négociations terminées et le traité signé[3] par l'intermédiaire du capitaine Melchior Vaez d'Azevedo, celui-ci et Montfort reprirent le chemin d'Agadir, laissant Geoffroy de Buade malade à Fez. Ce dernier put en partir à la fin de juillet sur un navire de Marseille « qui estoit venu audict Fez en marchandises » ; il arriva ainsi à Cadix. Quand il entra dans ce port, l'embargo fut mis sur le navire et l'équipage. Grâce à l'intervention de Sébastien de L'Aubespine, ambassadeur de François II auprès de la cour d'Espagne, cette mesure fut rapportée. Toutefois Geoffroy de Buade lui-même demeura longtemps, les fers aux pieds, dans une dure captivité.

PRUNAY. — Deux gentilshommes de ce nom, fils de Louis de Billy, seigneur de Prunay-le-Gillon (Eure-et-Loir) et de Marie de Brichanteau, firent partie de l'ambassade envoyée à Fez en 1560[4] par Antoine de Bourbon.

MONTFORT. — Gentilhomme choisi par Antoine de Bourbon

1. Sur le voyage de Geoffroy de Buade au Maroc, cf. sa lettre du 3 septembre 1560, *1re Série*, France, t. I, pp. 201-205.

2. Sur ce personnage, V. *Ibidem*, p. 202, note 3 ; Angleterre, juin-août 1561 ; BRANTÔME, *Œuvres complètes*, éd. Lalanne, t. IV, p. 362.

3. V. le texte de ce traité, *1re Série*, France, t. I, pp. 178-187.

4. V. *Ibidem*, p. 203, note 4.

comme chef officiel de l'ambassade qu'il envoyait au Maroc en 1560 et qui fut en réalité dirigée par le capitaine portugais Melchior Vaez d'Azevedo. Un Anglais, Roger Bodenham, dans un mémoire où il propose à la reine Elisabeth la conclusion d'une alliance avec le Maroc, invoque comme précédent la mission de l'agent français « Monsford[1] ».

Robert Bordet. — Il fut envoyé au Maroc en 1561 par le roi Charles IX. L'objet de sa mission était d'obtenir du chérif Moulay Abdallah *el-Ghalib* le monopole de l'exportation du sucre et du cuivre[2]. La qualification de *tadjer* (commerçant), qui lui est donnée dans le sauf-conduit que lui accorde le Chérif, ne saurait être prise à la lettre[3]. On ignore la suite qui fut donnée à la mission de Robert Bordet ; il est probable que les guerres religieuses qui éclatèrent au début de 1562 empêchèrent le roi de France de poursuivre cette affaire.

Louis Cabrette. — Cet agent cosmopolite et protéiforme était Français[4], au dire de Mr de Mévillon, gouverneur de Marseille, qui le qualifie en 1574 « un de nos naturels subjects qui se trouve à Alger[5] ». Cette nationalité lui est reconnue à deux reprises par Vargas Mexia, ambassadeur de Philippe II auprès de la cour de France. Personnage entreprenant et peu scrupuleux[6], « grand artisan de projets chimériques[7] », on le trouve mêlé à toutes les intrigues qui se trament entre la France, l'Espagne, la Turquie et le Maroc. Il faisait passer des avis à toutes ces Cours, « jouant double

1. Cf. *1re Série*, Angleterre, *Mémoire de Roger Bodenham.*

2. Sur cette négociation, V. *infra* la lettre de Moulay Mohammed ben Abdallah, des 18-27 mars 1561, pp. 746-748.

3. V. *infra*, pp. 749-752, le texte du sauf-conduit.

4. Sa nationalité, comme celle de beaucoup d'aventuriers de son espèce, est difficile à préciser. Si l'on en juge par son nom, il devait être d'origine italienne. On le désigne parfois sous le nom de « Caprotto ». Il signait : « Capitan Cabrota » (V. *1re Série*, Angleterre, *Lettres des 13 octobre et 12 novembre 1576*) et : « Capitaine Cabretos » (V. *Ibidem*, *Lettre du 18 juillet 1578*).

5. V. *1re Série*, France, t. I, p. 351, note 2.

6. V. *Ibidem*, l'appréciation de Vivonne sur le caractère de Cabrette.

7. V. la lettre de Vargas Mexia du 16 décembre 1578, *Arch. Nat.*, *K. 1545, n° 81*

jeu, comme le font toujours les agents de cette espèce[1] ». La profession de marin, dans laquelle le titre de capitaine se donne si facilement, dut mettre de bonne heure le capitaine Cabrette en rapport avec les Turcs et les Barbaresques. Il était en 1574[2] à Alger, où il fit la connaissance de Moulay Abd el-Malek, qui y résidait en attendant le moment de faire valoir ses droits au trône du Maroc. Ce chérif très cultivé, parlant l'italien et l'espagnol, flaira en cet aventurier un homme qui pouvait lui rendre des services dans ses relations avec les Cours chrétiennes. Devenu souverain du Maroc en 1576, il l'envoya en France et en Espagne. Cabrette arriva à Paris à la fin de juin 1576 ; il remit à Henri III une lettre dans laquelle le Chérif notifiait son avènement, puis il se rendit à la cour d'Espagne, où il avait à remplir une semblable mission. Il devait en outre sonder Philippe II au sujet d'un projet d'alliance offensive et défensive contre le Grand Seigneur. Le Roi Catholique retint à sa Cour[3] l'envoyé de Moulay Abd el-Malek, pendant qu'il faisait contrôler sur place par le père Diego Merin les intentions du Chérif[4]. Henri III prit ombrage du séjour prolongé de Cabrette en Espagne et en écrivit au Chérif en novembre 1576[5]. Le capitaine Cabrette ne dut pas retourner au Maroc. Philippe II l'envoya en 1577 auprès de son neveu D. Sébastien, pour éclairer ce prince sur les forces de Moulay Abd el-Malek et le dissuader de l'expédition qu'il projetait contre le Maroc[6]. On sait que le jeune roi de Portugal ne voulut rien entendre.

En janvier 1578, on retrouve Cabrette en France ; il va trouver Henri III à Ollainville et l'entretient de diverses chimères : d'un projet d'alliance entre les puissances catholiques contre les Turcs et les hérétiques ; d'un mariage entre le duc d'Alençon et l'une des infantes, enfin d'un autre mariage entre D. Carlos et la fille de Charles IX. Il dut quitter Paris en juillet 1578 et il y revint en

1. « Porque son gente los semejantes que hazen a todas manos. » 1re Série, France, t. II, *Lettre de Vargas Mexia à Philippe II*, p. 6. — « Y assi se podria dubdar de que haga a dos manos. » *Ibid.*, p. 19.

2. V. 1re *Série*, France, t. I, p. 351, note 2.

3. V. 1re *Série*, France, t. I, p. 351.

4. V. *Ibidem*, p. 350, note 2.

5. V. cette lettre, *Ibidem*, p. 351.

6. V. 1re *Série*, Espagne, t. I, à la date du 25 juillet 1578. *Lettre de Juan de Silva à Philippe II.*

décembre. C'est à cette époque qu'il suggéra à Lansac [2] l'idée de s'emparer de Larache par surprise et de céder ensuite cette place à Philippe II, en faisant payer ce service le plus cher possible.

Entre temps, le capitaine Cabrette inventait une canonnière à double proue, pouvant porter de 350 à 600 hommes et 4 canons. Son navire fut expérimenté avec succès pour la traversée des Indes et Philippe II lui accorda pour cette découverte 600 couronnes de pension [3].

Cabrette, dont l'esprit était encombré de plans imaginaires, avait parfois des vues politiques assez justes. Il en a exposé quelques unes dans un long mémoire intitulé : *Discurso hecho en summa* [4]... Dans le chapitre consacré au Turc, il définit la politique du Grand Seigneur, qui doit tendre à la conquête du Maroc pour devenir maître par le détroit de Gibraltar de la seconde porte de la Méditerranée.

Guillaume Bérard. — Originaire de Saorge [5] en Terre-Neuve [6], pays relevant du duc de Savoie, Guillaume Bérard avait exercé à Nice la profession de chirurgien-barbier, puis il était venu habiter Marseille, d'où il était passé dans le Levant. Il se trouvait à Constantinople [7] en 1574, quand y arriva Moulay Abd el-Malek. On sait que ce chérif, à la mort de son frère Moulay Abdullah *el-*

1. La date du retour de Cabrette à Paris se déduit de la lettre de Vargas Mexia à Philippe II du 16 décembre 1578. V. *1re Série*, France, t. II, p. 7.

2. V. *Ibidem*, pp. 1 et 2.

3. Cf. *1re Série*, Angleterre, *Lettre de Cabrette* du 18 juillet 1578.

4. Voici le titre complet de ce mémoire de Cabrette : *Discurso hecho en summa por Luis Cabreta en quanto toca a lo que conviene a algunos reyes, principes y señorias, asi de Christianos como de infieles y herejes, tratando de cada uno dellos en particular, de lo que los conviene para se poder conservar con sus estados y leyes, todo fundado sobre buen consejo (dejando a parte la Providencia que puede en un instante confundir el universo), pero tratando por via de razon y juyzio de hombre, como aquel que ha visto y discurrido por las cosas del mundo y conforme al juyzio que de los unos a los otros se puede hazer, como se vera por lo siguiente.* — Ce document, rédigé vraisemblablement en 1570, sera publié en extraits dans *1re Série*, Angleterre.

5. *Saorge*, Saorgio (Saourches dans les documents du temps), petite ville de l'arrondissement de Nice.

6. « Nice et six-vingts chasteaux compris aujourd'hui sous le nom de Terre Neuve... » V. de Gaufridi, *Histoire de la Provence*, t. I, p. 255.

7. D'après Vincent Le Blanc. V. *1re Série*, France, t. I, p. 367, note 1.

Ghalib (21 janvier 1574), quitta Alger et vint trouver le sultan Selim pour lui demander d'appuyer ses droits à la couronne du Maroc. Guillaume Bérard, appelé à donner ses soins à ce prince, atteint de la peste, fut assez heureux pour le sauver. Le Chérif lui en garda une grande reconnaissance, et, une fois souverain du Maroc, l'attacha comme médecin à sa personne. Moulay Abd el-Malek, à l'esprit large et dont les vues politiques n'étaient pas gênées par une étroite orthodoxie, chercha à étendre les relations du Maroc avec les puissances chrétiennes. Dès 1574, se trouvant à Alger et n'étant encore que prétendant, il était entré en rapports avec Charles IX[1]. En 1576, il avait chargé le capitaine Cabrette[2] d'une mission auprès de Henri III, pendant que son ambassadeur auprès de la Porte, Moussa ben Abd en-Nebi, entrait en pourparlers avec Gilles de Noailles, le représentant de la France à Constantinople[3]. Moulay Abd el-Malek, fidèle à sa politique, fit partir en 1577 pour la cour de France son médecin, porteur d'une lettre adressée à Henri III ; il demandait au Roi de vouloir bien accréditer Guillaume Bérard en qualité de consul « ès royaulmes de Marroc et de Fez[4] ». Henri accueillit favorablement la requête du Chérif et, comme Guillaume Bérard était sujet du duc de Savoie, il lui octroya des lettres de naturalité (22 mai 1577)[5], puis, par lettres patentes du 10 juin 1577, il le pourvut de l'office de « consul de la nation françoise » au Maroc, avec les mêmes droits, profits, revenus et émoluments que les consuls français dans le Levant[6].

Le nouveau consul s'embarqua à Marseille en 1578[7]. Un Marseillais, Vincent Le Blanc, d'humeur très voyageuse, avait demandé à l'accompagner[8]. Leur navire fut pris à la hauteur de Gibraltar (février 1578) par D. Francisco de Vargas Manrique[9]. Mais peu

1. V. *infra*, ADDENDA, Doc. 5, pp. 753-755, *Lettre de Moulay Abd el-Malek à Charles IX*, du 25 mai 1574.

2. Cf. *1re Série*, France, t. I, p. 350.

3. Sur cette négociation, V. *Ibidem*, pp. 352-366.

4. V. *Ibidem*, p. 368.

5. *Archives Départementales des Bouches-du-Rhône, Série B, registre 66, f. 305.*

6. V. le texte de ces provisions, *1re Série*, France, t. I, pp. 367-369. En même temps François Vertia fut nommé facteur au Maroc. V. *infra*, p. IX.

7. C'est la date que donnent *Les Voyages de Vincent Le Blanc*....., p. 155. Cf. aussi *1re Série*, France, t. I, Doc. XCVIII, p. 374, et Doc. XCIX, p. 376.

8. V. *Les Voyages de Vincent Le Blanc*..., p. 155.

9. Cf. HERRERA, *Historia general del*

après, sur les instructions de Philippe II, il fut relâché et autorisé à continuer sa route en toute liberté, le Roi Catholique voulant donner à Moulay Abd el-Malek des preuves de son amitié. D. Sébastien, roi de Portugal, qui préparait sa folle expédition contre le Maroc, se montra très affecté de cette mesure et en fit des reproches à Juan de Silva le 28 février 1578[1].

De Gibraltar, Guillaume Bérard et Vincent Le Blanc allèrent à Larache, où ils débarquèrent[2]. Le consul français partit aussitôt pour rejoindre la mahalla chérifienne, qui de Merrakech se portait à la rencontre de l'armée de D. Sébastien. Il arriva au camp de Moulay Abd el-Malek, établi près de Salé, vers le 14 juillet, au moment où le Chérif ressentait les premières atteintes du mal auquel il devait succomber quelques jours plus tard, et il lui donna ses soins[3]. Le Chérif porté dans une mahaffa (litière), quand il ne pouvait plus supporter le cheval, se traîna jusqu'à El-Ksar el-Kebir, accompagné de ses médecins, dont le consul français[4]. On sait que l'opiniâtre Moulay Abd el-Malek parut un instant à la tête de ses troupes le 4 août 1578, revêtu d'un splendide costume et l'épée à la main ; mais ses forces le trahirent et on le rapporta dans sa mahaffa, où il expira, avant d'avoir assisté au triomphe de son armée. Guillaume Bérard revint à Fez avec la mahalla victorieuse et assista à la baïa (couronnement) de Moulay Ahmed *el-Mansour*[5]. L'année suivante (1579), ce dernier l'envoya notifier son avènement au roi de France[6].

Pendant le peu de temps qu'il avait passé au Maroc comme con-

Mundo, t. II, p. 78 et *1re Série*, Espagne, *Lettre de Juan de Silva à Philippe II*, 28 février 1578. Il y a une légère divergence, quant à la date et quant à l'auteur de la capture de la saïtie française, entre Herrera et Juan de Silva. La version de l'ambassadeur de Philippe II est évidemment plus près de la vérité.

1. V. *1re Série*, Espagne, *Lettre de Juan de Silva à Philippe II*, 28 février 1578.

2. V. *Les Voyages de Vincent Le Blanc...*, p. 158.

3. Sur la présence de Guillaume Bérard auprès de Moulay Abd el-Malek et sur les soins qu'il donna au Chérif atteint d'une grave indigestion dont la cause était peut-être le poison, cf. *1re Série*, Angleterre, *Relation de la bataille de El-Ksar el-Kebir*, et *Les Voyages de Vincent Le Blanc...*, pp. 158-161.

4. Outre Guillaume Bérard, le Chérif était soigné par un médecin juif et un certain « Capitan Alley », ainsi qu'il résulte d'une lettre adressée par ce médecin juif à son frère. V. *1re Série*, Angleterre, novembre 1578.

5. Cf. *1re Série*, Angleterre, *Relation de la bataille de El-Ksar el-Kebir*.

6. V. *1re Série*, France, t. II, Doc. VIII, pp. 22-25.

sul, Guillaume Bérard avait éprouvé les plus grandes difficultés à faire acquitter par les marchands français les droits qui lui revenaient en raison de son office. Il exposa à Henri III qu'en l'absence de tout moyen de contrainte vis-à-vis des négociants au Maroc, les lettres de provision qui lui avaient été octroyées restaient sans effet. Le Roi, pour remédier à cette situation et faire droit à la requête du consul, décida par mandement du 19 juillet 1579 qu'à l'avenir les Français « et tous aultres trafficquans sur la bannière de France » qui refuseraient d'acquitter au Maroc les droits de consulat, y seraient contraints par autorité de justice à leur retour en France[1].

Henri III chargea en outre Guillaume Bérard de complimenter le nouveau chérif sur son avènement et lui donna comme instructions (16 juillet 1579) d'obtenir le libre accès des ports du Maroc, la mise en liberté des captifs français, la permission d'exporter 40 000 quintaux de cuivre et 25 000 quintaux de salpêtre ; il devait de plus négocier un emprunt de 150 000 écus[2]. On ne sait rien sur le résultat de cette mission. Guillaume Bérard retourna au Maroc en 1580[3] et y exerça sa charge, exposé à l'hostilité des commerçants français, qui allaient jusqu'à lui contester l'authenticité de ses lettres de provision, parce qu'elles n'étaient pas signées du Roi, mais seulement scellées du grand sceau de la Chancellerie[4]. En août 1583, il avait le dessein de rentrer en France, mais il écrit à Villeroy que Moulay Ahmed le retient au Maroc pour lui faire accompagner un ambassadeur qu'il avait l'intention d'envoyer à Henri III[5]. On perd de vue Guillaume Bérard jusqu'en l'année 1589, date où Bernardino de Mendoza signale son arrivée du Maroc à la Cour qui se trouvait alors à Blois[6]. Il dut mourir un peu avant le 27 avril 1591[7].

François Vertia. — Il fut nommé « facteur » au Maroc le 11 juin 1577. Ses lettres patentes furent signées le lendemain de l'expédi-

1. V. le texte de ce mandement, *1re Série*, France, t. II, Doc. IX, pp. 26-29.

2. V. *1re Série*, France, t. II, Doc. VIII, pp. 22-25.

3. Guillaume Bérard écrit, à la date du 28 août 1583, qu'il est au Maroc depuis trois ans. V. *1re Série*, France, t. II, Doc. XXXIII, p. 107.

4. V. *Ibidem*, p. 107, note 6.

5. V. *Ibidem*, pp. 106-107.

6. V. *Ibidem*, Doc. LXIX, pp. 174-175.

7. A cette date il était décédé « ces mois passés ». V. *infra*, Addenda, Doc. 7, p. 758.

tion de celles qui commettaient Guillaume Bérard au consulat du Maroc. Elles portaient que « outre le consul de la nation françoise », il était nécessaire d'avoir « ès royaumes de Marrot et Fez » un agent « pour le faturage deppendant dudict commerce[1] ». Cette charge de facteur semble correspondre à celle de vice-consul. On ne sait si François Vertia se rendit au Maroc et y exerça ses fonctions.

Vincent Le Blanc. — Il naquit en 1553[2] à Marseille, où son père, Raphaël Le Blanc, était armateur[3]. Entraîné par la passion des voyages, Vincent Le Blanc, à peine âgé de quatorze ans, partit en 1567 pour Alexandrie et le Levant : il visita successivement l'Arabie, la Perse, les Indes, etc., et revint à Marseille (1577) après une absence de onze ans[4]. Il passa six mois dans sa ville natale et, repris par son irrésistible passion, il saisit l'occasion du départ de Guillaume Bérard et s'embarqua avec lui pour le Maroc[5]. Le récit de son voyage[6] nous a été conservé, mais il semble si peu digne de foi que nous n'avons pas jugé utile de le publier. Vincent Le Blanc passe pour « un charlatan de première grandeur » et l'on ne voit pas bien sur quelles raisons s'appuie le bibliographe Playfair pour dire que cette réputation est imméritée[7] ; il est, à tout le moins, un vrai Marseillais par la place exagérée que tiennent dans son récit ses aventures personnelles et par les fictions dont il les travestit. Il suffira de donner ici de ce voyage ultra-fantaisiste une brève analyse[8].

Le navire qui portait Guillaume Bérard et Vincent Le Blanc est

1. V. 1re Série, France, t. I, Doc. XCVII, pp. 371-372.

2. Vincent Le Blanc dit lui-même dans la préface de son livre qu'en 1631 il est âgé de 78 ans.

3. V. *Les Voyages de Vincent Le Blanc*..., éd. 1648, p. 3.

4. Les renseignements sur Vincent Le Blanc sont uniquement tirés du récit de ses voyages.

5. V. *Les Voyages de Vincent Le Blanc*..., p. 155.

6. Il occupe dans l'ouvrage (édition de 1648 et de 1649) les pp. 155-170. Vincent Le Blanc raconte son retour à Marseille, p. 179.

7. Cf. Playfair, *A Bibliography of Morocco*, n° 125, p. 244. — Il se peut que le mot *undeserved* soit une coquille et que Playfair ait écrit *well deserved*. — L'article bibliographique du n° 125 est d'ailleurs erroné, et l'on verra que l'édition princeps des *Voyages de Vincent Le Blanc*... est de 1648 et non pas de 1608.

8. Comme on a donné plus haut la référence du passage où est raconté le voyage au Maroc, il a paru inutile de renvoyer à la page où chaque fait est mentionné.

assailli par une tempête près de Gibraltar : à peine délivré de la mer, il est rencontré par les galères d'Espagne et saisi, comme étant chargé de contrebande de guerre[1]. Guillaume Bérard et dix gentilshommes qui l'accompagnaient sont condamnés à mort, les autres aux galères à perpétuité. L'envoyé de Henri III appelle de cette condamnation[2] à Philippe II, qui confirme la sentence, mais, grâce à l'intervention de Doña Isabel, l'affaire s'arrange ; tout le monde est remis en liberté, on lève l'embargo mis sur le navire, qui reprend sa route pour le Maroc et vient mouiller à Larache. Guillaume Bérard s'achemine vers la mahalla du Chérif, pendant que Vincent Le Blanc reste à Mekinès. Dans une promenade aux environs de cette ville avec un de ses compagnons, il s'attire une mauvaise affaire. « Nous trouvâmes, raconte-t-il, un cimetière de Mahometans, &, deux que nous estions estant entrez dedans pour faire de l'eau, il se rencontra que c'estoit près la sepulture d'un de leurs marabouts ou santons. » Ils furent aussitôt appréhendés, traînés devant le cadi et condamnés à la bastonnade ; ils faillirent mourir sous les coups. Un marchand espagnol nommé Andrea Gasparo Corso[3] intercéda pour eux, et, comme il était influent auprès de Moulay Abd el-Malek, il obtint la mise en liberté des deux voyageurs. Sans transition, Vincent Le Blanc fait ensuite un récit fort décousu de l'expédition de D. Sébastien. Il alla visiter l'armée portugaise peu après son débarquement, en compagnie d'un Italien, le capitaine Hercule de Pise[4] et de Jean de Sasselo, de Marseille. « Tout ce que nous trouvions de mal, écrit-il, c'estoit le grand nombre de femmes & d'enfans qui y estoient. » Il prétend avoir vu après la bataille le corps du roi de Portugal « qu'on portoit dans une caisse remplie de chaux vive pour le conserver ». Suit une description de « l'empire de Fez

1. V. *supra*, pp. VII-VIII.

2. Juan de Silva mentionne une démarche faite auprès de la cour d'Espagne par Vivonne, l'ambassadeur de France. V. *1re Série*, Espagne, à la date du 28 février 1578.

3. Il était originaire de la Corse, mais fixé à Valence avec son frère Francesco. Se trouvant à Alger pour son négoce, il avait autrefois rendu des services à Moulay Abd el-Malek alors que celui-ci était prétendant. Il fut le principal agent des négociations entre Philippe II et le Chérif. Cf. *1re Série*, France, t. I, p. 625 et note 3; Angleterre, à la date du 1er septembre 1577 ; Espagne et Portugal entre les années 1577 et 1579 *passim*.

4. Sur ce personnage, V. *1re Série*, France, t. I, p. 551 et note 4 ; p. 552 et note 5 ; p. 588, p. 601 et p. 640, note 4.

et Maroc » où Vincent Le Blanc accueille toutes les fables et qui, pour les détails exacts, est empruntée à Jean Léon[1]. Il ne semble pas d'ailleurs que le voyageur ait parcouru le nord et encore moins le sud du Maroc, quoiqu'il parle des montagnes du Ziz où vivent les Zanaga, « ces peuples serpentins qui vivent parmi les serpents ». Le voyageur dut se rembarquer peu de temps après la bataille de El-Ksar el-Kebir pour Cadix, d'où il regagna Marseille[2].

Vincent Le Blanc vivait encore en 1631[3]; sa mort doit se placer avant 1637, date de celle de ses amis Nicolas de Peiresc[4] et Pierre Bergeron[5], qui lui survécurent. L'œuvre du voyageur marseillais ne parut pas de son vivant. Peiresc et Bergeron, qui avaient eu l'intention de publier ses mémoires, en furent empêchés par la mort[6]. Par la suite, un érudit, l'abbé Louis Coulon[7], ayant retrouvé les papiers de Vincent Le Blanc dans « l'une des plus florissantes bibliothèques et des plus saintes maisons[8] » de la ville de Paris, les publia en 1648[9], non sans de nombreuses corrections, car le manus-

1. Il se peut que ces emprunts soient le fait de Bergeron et Coulon qui ont beaucoup ajouté aux « mémoires » de Vincent Le Blanc, comme le disent les titres des éditions de 1648 et de 1649.

2. V. *Les Voyages de Vincent Le Blanc...*, p. 179.

3. V. *supra*, p. x, note 2.

4. Nicolas-Claude Fabri de Peiresc (1er décembre 1580-24 juin 1637), conseiller au parlement de Provence, célèbre par la protection et l'assistance qu'il prêta à tous les savants de son temps.

5. Pierre Bergeron, avocat au parlement de Paris, mourut en 1637.

6. V. l'Avis au lecteur en tête de l'édition princeps.

7. Louis Coulon, érudit né à Poitiers en 1605, mort en 1664.

8. Ces expressions doivent désigner la bibliothèque du cardinal Mazarin qui avait acheté les livres de Peiresc.

9. Voici le titre de cette édition : *Les Voyages fameux du sieur Vincent Le Blanc, marseillois, qu'il a faits, depuis l'aage de douze ans jusques à soixante, aux quatre parties du monde ; à sçavoir aux Indes orientales & occidentales, en Perse & Pegu. Aux royaumes de Fez, de Maroc & de Guinée, & dans toute l'Afrique intérieure, depuis le Cap de Bonne-Esperance jusques en Alexandrie, par les terres de Monomotapa, du Prestre Jean & de l'Egypte. Aux isles de la Mediterranée & aux principales provinces de l'Europe, avec les diverses observations qu'il y a faites.*

Le tout recueilly de ses memoires par le sieur Coulon. A Paris... M. DC. XLVIII.

L'édition de cet ouvrage qui porte la date de 1649 est identique à celle de 1648, à l'exception du titre dont on a fait disparaître le nom de Coulon, bien que ce nom ait été conservé dans la Dédicace et qu'on ait reproduit l'Avis au Lecteur de cet abbé. Voici la modification apportée au titre :

Les Voyages fameux du sieur Vincent Le Blanc.. . . . .
& aux principales provinces de l'Europe, etc.

Redigez fidellement sur ses Memoires & Registres, tirez de la Bibliotheque de Mon-

crit original présentait « une certaine confusion de mots qui n'étoit pas moindre que celle des ouvriers de Babel [1] ».

Guy Damians. — Ce personnage dont le nom est quelquefois écrit d'Amians, Damien, etc., semble avoir résidé à Merrakech en 1578-1579 et y avoir fait en 1579 l'intérim de Guillaume Bérard. Il était originaire de Brouage [2].

Arnoult de Lisle. — Il était né à Paris en 1556 [3] d'une famille d'origine allemande [4]. Se destinant à la médecine, il se fit recevoir « maître ès arts » en 1580, afin de pouvoir suivre les cours de « la très-salutaire Faculté ». Après quatre années d'études, il obtint le 20 mars 1584 le grade de bachelier [5], fut reçu licencié le 19 mai 1586 [6] et docteur au mois de décembre de la même année [7]. Ce fut M. de Monantheuil qui lui remit la palme [8]. Le nouveau docteur, protégé

sieur de Peiresc, Conseiller au Parlement de Provence, & enrichis de très-curieuses observations par Pierre Bergeron, parisien. A Paris... M.DC.XLIX.

Enfin en 1658 paraît une nouvelle édition qui porte en titre : ..... *Redigez fidellement sur ses memoires par Pierre Bergeron, parisien.*

Et nouvellement reveu, corrigé & augmenté par le s^r Coulon.

A Troyes... M.DC.LVIII.

Dans cette édition (1658) la Dédicace et l'Avis au lecteur de Coulon ont été supprimés.

1. V. *Les Voyages de Vincent Le Blanc*, éd. 1648, Avis au Lecteur de l'abbé Coulon. On peut se faire une idée de la rédaction de Vincent Le Blanc d'après le Ms. 2033 du fonds français de la Bibliothèque Nationale, qui contient une partie ou plutôt le brouillon d'une partie de son ouvrage, évidemment écrite de sa main et consacrée à « l'histoire naturelle de l'Inde ». On y trouve en plus, pp. 146-152, le récit de son voyage au Maroc, assez différent de celui qui fut imprimé ; il porte le titre de « Succès venou en l'auteur ».

2. Sur l'identification douteuse de ce personnage, V. *1re Série*, France, t. II, p. 75, note 4.

3. Il mourut à Paris le 25 novembre 1613, âgé de cinquante-sept ans. Guillaume Du Val, *Hist. du Collège Royal de France*, p. 31.

4. Cette origine allemande n'est indiquée que par Guillaume Du Val (*loc. cit.*, p. 30) qui donne Arnoult de Lisle comme originaire de Vezelay (Wesel) dans le pays de Clèves, mais on lit : « Arnulphus de Lisle diœcesis parisiensis » dans les *Commentaires de la Faculté de Medecine*. Cf. Bibl. de la Faculté de Médecine de Paris, *Mss., vol. 323, f. 212.*

5. V. *Ibidem.*

6. V. *Ibidem*, f. 255.

7. V. *Ibidem*, f. 269. Les questions qu'il traita dans ses vespéries furent : 1° *An ars exornatoria medico sit tenenda?* 2° *An ars comptoria medico sit tenenda?* Sa thèse de doctorat était : *An musica medico sit tenenda?*

8. « Donatus autem fuit laurea a domino de Monantheuil. » *Ibidem.*

par le cardinal de Bourbon[1], augmenta encore son crédit en épousant en 1586 damoiselle Catherine Duret[2], fille de Louis Duret, premier médecin de Charles IX et de Henri III.

La Renaissance était loin d'avoir complètement détruit le prestige d'Avicenne et d'Averrhoès[3], et, pour ne plus être aussi absolue, la domination des maîtres arabes s'exerçait encore sur la médecine. Malheureusement, l'ignorance de leur langue rendait très ardue l'étude de leurs ouvrages. Ce fut pour contribuer aux progrès de l'art médical beaucoup plus que pour favoriser la philologie que le roi Henri III fonda en 1587 une chaire de langue arabe au Collège de France[4]. Arnoult de Lisle en fut le premier titulaire avec la qualité de « lecteur et professeur du Roy à Paris en langue arabique[5] ».

Vers cette époque Guillaume Bérard[6], qui depuis plus de dix ans résidait à la cour des chérifs soit à titre de médecin, soit à titre de consul, éprouva le désir bien légitime de quitter le Maroc et de rentrer en France[7]. Mais le Chérif Moulay Ahmed *el-Mansour* tenait beaucoup à avoir auprès de sa personne un médecin chrétien « comme gens plus fidèles et plus entendus[8] ». Sur le conseil de

1. « Cliens illustrissimi cardinalis Borbonii. » Cf. JOSEPHI SCALIGERI *epistolæ*, p. 690.

2. Le mariage de A. de Lisle eut lieu du vivant de Louis Duret (V. G. DU VAL, p. 66) qui mourut le 22 juin 1586. — « Henri III voulut honorer ces noces de sa présence, il accompagna la mariée à l'église et se plaça à sa droite, le père étant à sa gauche ; il assista ensuite au festin pour lequel il prêta toute la vaisselle d'argent qui y fut employée et dont il lui fit présent après le repas. » Cette anecdote est racontée par l'abbé GOUJET (*Mém. histor. et littér. sur le Collège Royal de France*, p. 13) qui l'a tirée soit de TEISSIER, *Les éloges des hommes savants tirés de l'Histoire de M. de Thou*, t. II, p. 321, soit de NICERON, *Mém. pour servir à l'hist. des hommes illustres...*, t. XXIII, p. 392.

3. On sait combien avait été grand ce prestige avant la Renaissance. « Usque ad renatas litteras, écrit J. BRUCKER, non inter Arabes modo, verum etiam inter Christianos dominatus est Avicenna tantum non solus ». *Hist. critic. philos.*, t. III, p. 88.

4. La date de la création de cette chaire, 1587, est établie par un article des comptes de la Recette générale de Paris, article relevé par JACQUES DU BREUIL, *Theatre des Antiquitez de Paris*, p. 761. Cf. COLOMIES, *Gallia orientalis*, article *Arnoldus Insulanus*. GUILLAUME DU VAL, *op. cit.*, p. 30, a reproduit le passage de Jacques Du Breuil.

5. C'est ainsi qu'il est qualifié dans les comptes de la Recette générale de Paris. V. J. DU BREUIL, *op. cit.*, p. 761.

6. V. *supra*, p. VI, la notice biographique de Guillaume Bérard.

7. Cf. *1re Série*, France, t. II, p. 314.

8. Cf. *Ibidem*.

Guillaume Bérard, il écrivit à Henri III[1] « qu'il recevroit favorablement le médecin qui voudroit venir vers luy et qui auroit permission de s'en retourner quand il voudroit »[2]. Arnoult de Lisle, ayant eu connaissance des propositions du Chérif et désireux d'apprendre sur place la langue arabique, « sans laquelle, disait-il, on ignorait bien des choses en médecine[3] », s'offrit pour faire ce voyage, avec l'intention de ne passer au Maroc que deux ou trois ans[4].

A la date du 19 novembre 1587, il avait quitté Paris, car un de ses confrères signait pour lui les comptes de recettes et de dépenses de la Faculté de médecine pour cette même année[5]. Il arriva au Maroc en 1588 et Guillaume Bérard rentra immédiatement en France[6]. Tout fait croire que son successeur s'était fait accompagner au Maroc d'un apothicaire nommé Pierre Treillault[7]. Le séjour de A. de Lisle au Maroc se prolongea bien au delà de ses prévisions, et il y demeura onze ans, de 1588 à 1599. Outre ses fonctions de « proto medico » de Moulay Ahmed *el-Mansour* et l'étude de la langue arabe, qui étaient loin de l'absorber, il employait son temps au mieux des intérêts de son pays, et il est probable que, sans avoir de mandat officiel, il avait, en fait, remplacé Guillaume Bérard comme agent de la France au Maroc. Malheureusement ses dépêches, pour cette période de onze années, n'ont pu être retrouvées. Le « proto medico » ne négligeait pas non plus sa fortune personnelle et amassait force « richesses et autres commoditez[8] ». Les documents du temps ne font que très rarement mention de lui. Par un récit du voyage du jeune D. Christophe, le fils du prétendant portugais D. Antonio,

1. Les lettres de Moulay Ahmed *el-Mansour* à Henri III « escrites en arabic et en espagnol arrivèrent premièrement à Marseille puis à Paris » (V. *Ibidem*) où elles durent parvenir avant le 24 décembre 1586, car, à cette date, un avis de Sanson fait allusion au personnage « que ha sido señalado por consul para Marruecos de los Franceses », c'est-à-dire à la désignation de A. de Lisle pour aller en mission au Maroc. V. *1re Série*, France, t. II, p. 129, note 1.

2. Cf. *1re Série*, France, t. II, p. 314.

3. « Quod arabismi teneretur desiderio, sine quo multa in medicina ignorari dicebat. » JOSEPHI SCALIGERI *Epistolae*, p. 697.

4. V. *1re Série*, France, t. II, p. 314.

5. V. Bibl. de la Faculté de Médecine de Paris, *Mss.*, *Vol. 323, f. 276.*

6. La présence de Guillaume Bérard est signalée à Blois en février 1589 (V. *1re Série*, France, t. II, p. 174). Il avait donc dû partir du Maroc à la fin de 1588, ce qui fixe la date de l'arrivée de A. de Lisle à la cour chérifienne.

7. V. *infra*, p. XXI, la notice consacrée à ce personnage.

8. Cf. *1re Série*, France, t. II, p. 400.

on sait que A. de Lisle se porta en janvier 1589 au devant de ce jeune prince, qui, envoyé en otage par son père, fit son entrée en grande pompe dans la capitale chérifienne[1]. Ce fut aussi pendant ce premier séjour au Maroc que l'agent officieux de Henri IV fut témoin des luttes du Chérif contre le prétendant Moulay en-Nasser, mais, contrairement à ce que raconte Guillaume Du Val[2], il n'assista pas aux batailles de Er-Roken (3 août 1595) et de Taguate (12 mai 1596), pendant lesquelles il resta à Merrakech avec Moulay Ahmed *el-Mansour*[3]. En novembre 1596, A. de Lisle, avec l'intention sans doute de rappeler sa présence au Maroc et de se faire bien voir du nouveau souverain, envoya en présent à Henri IV deux chevaux sous la conduite de l'apothicaire (voticario) Treillault[4].

Cependant, au Collège Royal, la chaire d'arabe fondée par Henri III restait vacante par suite de l'absence du titulaire ; professeurs et étudiants désiraient vivement le retour de A. de Lisle. Henri de Monantheuil, prononçant le 14 novembre 1595 un discours solennel[5], sans doute pour la réouverture des cours du Collège Royal, allait jusqu'à interpeller Henri IV dans une figure oratoire : « Rappelez, lui disait-il, rappelez de la Mauritanie Tingitane, où il est actuellement, exerçant la médecine auprès du roy [de ce pays], et apprenant la langue arabe, le professeur de cette langue, créé par Henri III, mon Jean de Lisle[6] ». Mais il y avait à Paris une personne qui réclamait, bien plus encore que les professeurs et étudiants du Collège Royal, le retour de A. de Lisle, c'était sa

1. V. *1re Série*, France, t. II, p. 199. — Les relations de A. de Lisle avec D. Antonio et ses fils D. Emmanuel et D. Christophe devaient remonter à 1586. Cf. *Ibidem*, p. 129.

2. L'erreur commise par GUILLAUME DU VAL (*op. cit.*, p. 30) provient de ce qu'il regarde A. de Lisle comme l'auteur des deux relations de ces batailles.

3. Cf. *1re Série*, France, t. II, p. 212, note 2.

4. « El medico frances... a enbiado de aqui [Merrakech] un voticario suyo con dos cavallos de presente y otras cosas qu'el mesmo medico manda al rey de Francia ». *1re Série*, Espagne, *Lettre de Balthazar Polo à Medina-Sidonia*, 19 novembre 1596.

5. *Oratio qua ostenditur quale esse deberet Collegium professorum regiorum, ut sit perfectum atque absolutum. — Habita 18 Cal. Dec. in auditorio regio ab Henrico Monantholio Remo, medico et mathematicarum artium professore regio.* Paris, 1595, pp. 60-61.

6. « Meum Ioannem Insulanum ». C'est par erreur que Monantheuil donne à de Lisle le prénom de Jean. Quant au pronom possessif *meum*, il s'explique par ce fait que Monantheuil, ayant remis à A. de Lisle la palme du doctorat, considérait celui-ci comme une sorte de filleul.

femme qui l'attendait depuis six ans. Pour obtenir que le Chérif laissât partir son « proto medico », il fallait trouver à celui-ci un remplaçant. Ce ne fut qu'en 1598 [1] qu'un médecin de la Faculté d'Orléans, Étienne Hubert [2], sur les instances de son ami le sieur Duret, beau-frère d'A. de Lisle, et désireux d'acquérir une connaissance approfondie de la langue arabe « se résolut aisément à ce voiage pour retirer le sieur de L'Isle et demeurer là quelque tems près la personne du roy de Maroc, en mesme charge et apointement que ledit sieur de L'Isle [3] ».

Arnoult de Lisle rentra en France en 1599 [4]. Sa présence à Paris est constatée le 9 mai 1601, date où l'on trouve sa signature sur une quittance [5]. Le Collège Royal recouvrait enfin son professeur, mais ce fut sans grand profit, car il ne semble pas que ce dernier ait jamais enseigné [6]. Le rôle que les circonstances l'avaient amené à jouer, l'expérience qu'il avait acquise des affaires du Maroc avaient profondément modifié ses idées. Aussi visait-il plus haut maintenant qu'à une chaire du Collège Royal et son ambition secrète était de retourner auprès du Chérif, non plus comme médecin, mais comme ambassadeur.

1. Cette date est fournie par une mention qui se trouve dans une relation manuscrite de la bataille de El-Ksar el-Kebir. V. *1re Série*, France, t. I, p. 651, note 4. Cette note a très certainement été écrite par le frère d'Étienne Hubert.

2. Sur Étienne Hubert, V. *infra*, p. XXII.

3. V. *1re Série*, France, t. II, pp. 314, 315.

4. A. de Lisle ne quitta le Maroc qu'après l'arrivée d'Étienne Hubert (V. *1re Série*, France, t. II, p. 315). Or l'année 1599 est la date du séjour de Hubert (*Ibidem*) qui ne resta qu'un an au Maroc. Mocquet, dans le récit de son voyage, parlant des deux médecins, dit : « puis tous deux estoient revenus en France ». Mais ce passage n'implique pas nécessairement l'idée d'un retour simultané.

5. Cf. Bibl. Nat. *Pièces originales*, *Vol. 1727, cote 40096, nº 12.* — L'abbé Goujet rapporte que A. de Lisle prononça à son retour un discours (*Insulani linguæ arabicæ professoris regii post reditum ex Africa oratio*) où il donnait de grands détails sur ses voyages (V. GOUJET, *Mém. histor. sur le Collège Royal de France*, p. 93). Ce discours n'a jamais existé et l'abbé Goujet semble avoir confondu en la circonstance le retour de Arnoult de Lisle avec celui de Etienne Hubert, qui, effectivement prononça un discours où il racontait son voyage au Maroc, V. *infra*, p. XXIII.

6. Scaliger essaya d'entrer en relations avec A. de Lisle, mais ne put y parvenir. Cf. JOSEPHI SCALIGERI *epistolæ*, pp. 696-697, lettre à Etienne Hubert datée de Leyde, 4 des ides de Mars 1608. On ne trouve aucune autre mention de lui dans la correspondance de cet orientaliste qui par contre se montre prodigue d'éloges pour le mérite d'Étienne Hubert, V. *infra*, p. XXIX. — Casaubon paraît ne pas avoir apprécié davantage la science de A. de Lisle.

Il semblait d'ailleurs assez qualifié pour tenir cet emploi, étant « homme meslé et adroit, de robbe et d'espée, de conseil et d'effect, voyageur par mer et par terre et un vrai Ulysse chrétien, politique, vaillant, sage, sçavant et éloquent[1] ».

C'est dans cette nouvelle voie qu'il dirigea ses efforts pendant son séjour à Paris. Depuis son départ du Maroc, la situation politique de ce pays avait bien changé : Moulay Ahmed *el-Mansour* était mort le 19 août 1603 ; des luttes fratricides avaient éclaté entre les divers prétendants, et Philippe III, exploitant leurs compétitions, cherchait à reprendre les anciennes négociations entamées entre son père et Moulay Abd el-Malek en vue d'obtenir la cession de Larache. Henri IV, sans conférer à A. de Lisle le titre d'ambassadeur qu'il sollicitait, jugea utile de l'envoyer au Maroc avec la mission de traverser les desseins de l'Espagne[2], en se concertant avec le représentant des Provinces-Unies auprès du Chérif[3]. C'est pourquoi A. de Lisle fit prévenir de son départ les États-Généraux par l'intermédiaire du prince D. Emmanuel[4].

« L'Ulysse chrétien » dut quitter Paris en septembre 1605, mais, empêché par des vents contraires, il ne put s'embarquer qu'au commencement de janvier 1606[5]. Une traversée favorable de quinze jours l'amena à Safi le 20 janvier[6]. Le fastueux aventurier Sir Anthony Sherley[7] se trouvait dans cette ville, attendant un convoi et une escorte pour se rendre à Merrakech. Comme Sherley, envoyé en ambassade par l'Empereur, avait, à son passage à Cadix, accepté une mission secrète de Philippe III[8], l'agent de Henri IV s'attacha à pénétrer les projets de ce magnifique personnage. La chose lui fut facile, grâce à ses intelligences avec Lella Safia, la sœur de Moulay Zidân. On voit par une lettre de A. de Lisle à Villeroy que, dès le 29 janvier 1606, il avait éventé les plans de l'Espagne.

1. V. GUILLAUME DU VAL, *op. cit.*, p. 30.

2. Sur les instructions de A. de Lisle, V. 1re *Série*, France, t. II, pp. 337 et 338.

3. Les instructions de P. M. Coy, l'agent des Provinces-Unies, étaient identiques à celles de A. de Lisle. Cf. 1re *Série*, Pays-Bas, t. I, pp. 76-77.

4. V. 1re *Série*, France, t. II, p. 337 et note 9.

5. Cf. 1re *Série*, France, t. II, p. 331 et note 1.

6. Cf. *Ibidem*.

7. Sur ce personnage, V. 1re *Série*, Pays-Bas, t. I, p. 108, note I et France, t. II, p. 331, note 2.

8. Cf. 1re *Série*, France, t. II, pp. 332 et 338.

Le Roi Catholique proposait au Chérif une alliance pour chasser les Turcs des régences d'Alger et de Tunis ; l'Espagne resterait maîtresse du littoral méditerranéen et la domination du Chérif s'étendrait sur l'arrière-pays [1].

L'envoyé de Henri IV cherche visiblement dans sa lettre à augmenter l'effet produit par son arrivée au Maroc : il annonce que Sherley en a aussitôt informé Philippe III et qu'on ne manquera pas de se plaindre au Pape des démarches d'un agent français venant contrecarrer la politique espagnole, si avantageuse pour la Chrétienté [2]. Il rappelle ses relations personnelles avec le Chérif, et, après avoir ainsi bien mis en évidence l'importance du rôle qu'il peut être appelé à jouer au Maroc, il termine sa lettre par cette phrase : « Il seroit besoing que Sa Majesté m'honorast du tiltre d'ambassadeur, d'autant que ce prince [le Chérif] m'a faict dire qu'il ne traitera qu'avec ceux de ceste qualité. Je supplie donc Sa Majesté, si elle a pour agreable que je la serve en ceste negotiation, de me donner ce tiltre et de croire qu'elle congnoistra le fruict que je y ferai ..... [3] ». Dans une autre lettre du 10 avril 1606, il revient à la charge : « Je croy, écrit-il à Villeroy, que j'auray eu mon expedition si ... j'eusse la commission et le pouvoir d'ambassadeur que j'attens, s'il plaist à Sa Majesté [4] ». Le désir de A. de Lisle ne fut pas réalisé, et il dut se contenter d'un titre plus modeste. Henri IV dans ses lettres le qualifie : « M. de L'Isle, mon conseiller et médecin ordinaire, résidant pour mon service à Marocq [5] ».

Quant à sa mission, elle fut traversée par les révolutions politiques qui se succédèrent à Merrakech, où trois prétendants arrivèrent au pouvoir dans l'espace de quelques mois [6]. Les pourparlers commencés avec Moulay Abou Farès, repris avec Moulay Zidân, semblent n'avoir abouti qu'à de vaines promesses d'amitié et à la faculté donnée aux navires français de se réfugier dans les ports marocains. A. de Lisle quitta Merrakech en juin 1607 [7] ; on le

1. V. *1re Série*, France, t. II, p. 332.
2. V. *Ibidem*, p. 334.
3. V. *Ibidem*, p. 335.
4. V. *Ibidem*, p. 340.
5. V. *Ibidem*, p. 367. Moulay Zidân le qualifie « votre agent et conseiller ». *Ibidem*, p. 372.
6. V. sur ces événements, *1re Série*, Pays-Bas, t. I, pp. 213-218, *Relation de P. M. Coy*.
7. V. *1re Série*, Pays-Bas, t. I, p. 234, *Attestation d'A. de Lisle en faveur de P. M. Coy*.

retrouve à Paris le 16 août 1607, chez son ami et voisin Pierre de L'Estoile[1].

Le médecin diplomate revint-il une troisième fois au Maroc, comme le dit G. Du Val[2]? Nous ne le pensons pas. Il est vrai qu'il existe une lettre de lui à Henri IV, datée de Madrid le 16 avril 1608, qui est conçue dans des termes tels qu'on croirait à première vue qu'elle a été écrite au retour d'un voyage au Maroc[3]. Mais si l'on examine attentivement cette lettre, on voit qu'en dehors de la bataille de Ras el-Aïn (8 décembre 1607), dont A. de Lisle avait raconté les détails à Henri IV avant son « partement » de la Cour et dont par conséquent il n'avait pu être informé que par une lettre venue du Maroc, les renseignements qu'il donne dans sa longue missive[4] du 16 avril proviennent de Gianettino Mortara et de Diego Marin, qui se trouvaient alors à Madrid. En outre il est impossible de trouver le temps nécessaire à un voyage et *a fortiori* à un séjour au Maroc dans le délai compris entre la date où dut parvenir à Paris la nouvelle du combat de Ras el-Aïn (soit, pour fixer les idées, fin janvier 1608) et le retour à Madrid d'A. de Lisle, évidemment antérieur à sa lettre à Henri IV (16 avril 1608). Il faut donc supposer que la troisième mission confiée à cet agent se bornait à aller en Espagne pour s'y enquérir des événements qui se déroulaient dans l'empire chérifien.

On sait peu de choses sur la fin d'Arnoult de Lisle. Il est mentionné dans le journal de P. de L'Estoile le 28 décembre 1610, date à laquelle il est appelé à donner ses soins au fils de ce chroniqueur qui, comme on l'a vu, était son voisin et son ami[5]. Il mourut à Paris

1. V. *1re Série*, France, t. II, p. 372, note 3.

2. V. GUILLAUME DU VAL, *op. cit.*, p. 30.

3. V. cette lettre, *1re Série*, France, t. II, pp. 426-434.

4. P. de L'Estoile, à qui cette lettre avait été communiquée, en fait mention dans son journal à la date du 8 juin : « M[r] D[u] P[uy] père m'a presté une lettre de M. de Lisle au Roy, escrite de Madrid, en date du 16e avril 1608, par laquelle il lui donne force advis de la Cour d'Espagne; et y a des particularitez remarquables que beaucoup appelent pures fadezes... » P. DE L'ESTOILE, *Mém. Journ.*, éd. de la lib. des Bibliophiles, t. IX, p. 86. Les soi-disant « fadezes » étaient des flatteries à l'adresse de Henri IV par lesquelles A. de Lisle terminait sa lettre. V. *1re Série*, France, t. II, pp. 433-434.

5. Le talent médical de A. de Lisle, si l'on en juge par L'Estoile, laissait à désirer. Son intervention auprès du jeune Claude de L'Estoile fut sans doute insuffisante, car on fit appel au chirurgien Riolant.

le 25 novembre 1613. Voici l'éloge par lequel Guillaume Du Val, l'historien du Collège Royal de France, termine sa biographie : « Donc nostre premier Lecteur du Roy en arabe Arnould de Lisle, pour la grandeur de son esprit et la solidité de son jugement, pour l'éminence de son sçavoir, piété et vertu chrestienne, pour la sublimité de ses conseils, pour sa magnanimité et haultes pensées, employs et actions et pour les grandes recherches de la langue arabique, peut à bon droict, par rapport allegoric, estre estimé comme ceste montagne de Sinaï en l'Arabie où Dieu donna la loy et les preceptes du Saint Decalogue pour bien et sagement regler les hommes et les conduire à salut par l'observation de ses ordonnances [1]. »

PIERRE TREILLAULT. — Cet « officier domestique » de Moulay Ahmed *el-Mansour* semble devoir être identifié avec le « facteur » qui a écrit la relation de la bataille de Er-Roken. Pierre Treillault était en réalité un apothicaire emmené au Maroc par Arnoult de Lisle. Il dut quitter ce pays à la fin de l'année 1596. Balthazar Polo annonce en effet à la date du 19 novembre 1596 que A. de Lisle fait partir pour la France son apothicaire (voticario) avec deux chevaux qu'il envoie en présent à Henri IV [2]. On doit à Pierre Treillault la relation des batailles de Er-Roken et de Taguate (3 août 1595 et 12 mai 1596) [3] qu'il composa à Merrakech, d'après des récits de témoins indigènes, car il ne suivit pas dans le nord les mahallas allant opérer contre le rebelle Moulay en-Nasser [4]. A son retour en France, il fit hommage au connétable de Montmorency de sa relation sur la bataille de Taguate.

Mais l'un comme l'autre ne purent obtenir une bonne cicatrisation de la plaie, et L'Estoile exprime son chagrin de voir le plus beau de ses enfants « auquel il paroistra toute sa vie pour l'avoir mis entre les mains des médecins et chirurgiens qui n'ont peu faire en six mois ce que beaucoup de femmes, et mesmes de village, eussent fait en six jours ».

1. V. GUILLAUME DU VAL, *op. cit.*, p. 30.

2. V. 1re *Série*, France, t. II, p. 214, note 4.

3. V. *Ibidem* ces deux relations pp. 205-212 et 213-227.

4. Treillault dit lui-même qu'il était à la cour de Moulay Ahmed *el-Mansour*, lors de la bataille de Taguate. Or celui-ci resta à Merrakech pendant les opérations contre le prétendant.

Étienne Hubert. — Il naquit en 1568[1] à Orléans et fit ses études de médecine à la Faculté de cette ville, dont les docteurs étaient fort estimés, parce que « de leurs compagnies ont esté plusieurs appellez au service de nos roys[2] ». Ce fut aussi, comme on le verra, la destinée d'Étienne Hubert[3]. Cependant son nom « M. Stephanus Hubert Aurelianensis » figure sur les registres de la Faculté de médecine de Paris[4] à la date du 6 avril 1596, mais, comme il n'en est plus fait mention à partir de cette époque, on peut en conclure qu'Étienne Hubert prit tous ses grades à Orléans[5]. « Il sçavoit très bien, écrit G. Du Val, la médecine tant des Grecs ... que des Arabes, desquels il entendait la langue et les idiomes[6]. »

On a vu[7] que les professeurs du Collège Royal s'étaient émus de l'absence prolongée de Arnoult de Lisle, qui, titulaire de la chaire d'arabe fondée en 1587 par Henri III, se trouvait encore au Maroc en 1594 et n'avait pas même inauguré son cours. Monantheuil, comme nous l'avons dit, avait attiré l'attention de Henri IV sur cette situation anormale. On chercha longtemps un médecin qui consentît à se rendre auprès du Chérif pour relever A. de Lisle. Enfin Étienne Hubert, poussé par le désir de s'instruire et cédant aux instances de son confrère et ami Jean Duret[8], beau-frère du « proto medico » du Chérif, s'offrit à aller au Maroc.

Il partit en 1598[9] et passa une année[10] à Merrakech, exerçant la médecine, « et là, suivant son principal dessein qui l'avoit porté à

1. Plus exactement entre le 20 juin 1567 et le 20 juin 1568. V. *infra*, p. XXVI, son épitaphe.

2. Cf. François Le Maire, *Histoire et antiquitez de la ville d'Orléans*, 1645, t. II, p. 108.

3. Plusieurs médecins du nom de Hubert et parents très probablement de Étienne Hubert figurent dans la liste des officiers domestiques des rois Henri III et Henri IV. Cf. *Bibl. Nat. Pièces originales, Vol. 1543, cote 25 253, nos 6 et 9* : « Noble homme Loys Hubert, chirurgien ordinaire et juré du Roy..... » et *Collection Clairambault*, Vol. 837.

4. V. Bibliothèque de la Faculté de Médecine de Paris, *ms. 323, f° 352 v°*.

5. François Le Maire, *loc. cit.*, dit positivement qu'E. Hubert était docteur de la Faculté d'Orléans. Il a pu commencer ses études médicales à Paris et les terminer à Orléans.

6. Guillaume Du Val, *Le Collège Royal de France*, p. 31.

7. V. *supra* la notice sur Arnoult de Lisle, pp. XVI-XVII.

8. V. *1re Série*, France, t. II, p. 315. V. aussi *supra*, p. XVII.

9. Sur cette date, V. *supra*, p. XVII, note 1.

10. « Le sieur Hubert demoura environ un an à Marroc ». V. *1re Série*, France, t. II, p. 400. Son séjour se place en 1599. V. *Ibidem*, p. 314.

ce voyage, il apprit si bien la langue arabique qu'il s'y rendit fort sçavant... Il se contenta de sortir de ce pays plus chargé de science et de livres arabiques que de richesses et autres commoditez... » A son départ du Maroc, il serait allé faire un court séjour à Rome[1], avant de rentrer à Paris où il fut nommé : « Lecteur et professeur du Roy en la Faculté de médecine, en langue arabique, en l'université de Paris ». Il fut en réalité le premier à enseigner cette langue[2]. Le discours d'ouverture qu'il prononça, en prenant possession de sa chaire, était conservé, à l'époque où Colomiès écrivait sa *Gallia orientalis*, dans les papiers du sieur Hardy, conseiller au parlement de Paris[3].

Malgré la brièveté de son séjour au Maroc, Étienne Hubert avait su acquérir une sérieuse connaissance de la langue arabe, et sa réputation comme orientaliste surpassa de beaucoup celle d'Arnoult de Lisle, plus occupé de négociations que de philologie. Casaubon fait le plus grand éloge de sa science. « Parmi les arabisants, écrit-il à Scaliger le 8 août 1607, le premier rang est tenu chez nous par Étienne Hubert, d'Orléans, médecin du Roi, homme très savant[4]. » Déjà en 1601 il reconnaissait comme un maître cet érudit « qui avait appris en Afrique les principes de la langue arabe[5] ». C'était là, en effet, la grande supériorité de E. Hubert sur les orientalistes de son temps : il avait, comme Cleynaerts (Clénard), pratiqué l'idiome qu'il enseignait. Le savant Erpenius, dans son *Oratio de lingua arabica*, proclamait le mérite de ceux qui « n'avaient pas craint pour apprendre cette langue d'entreprendre

1. Aucun document autre que son épitaphe (V. *infra*, p. XXVI) ne fait mention du séjour d'Étienne Hubert à Rome. Son retour à Paris eut lieu en 1600, car JEAN-BAPTISTE DUVAL (qu'il ne faut pas confondre avec G. DU VAL) dit dans la préface de son *Dictionarium latino-arabicum*, 1632, qu'Étienne Hubert commença ses cours en 1600. CASAUBON (*Epistolæ*, 1709, p. 132) dit qu'en décembre 1601, E. Hubert était dans la douzième année de son cours. V. cependant ci-après la note 3.

2. On a vu que A. de Lisle, son prédécesseur dans la chaire d'arabe, ne semble pas avoir professé cette langue (V. *supra*, p. XVII).

3. Ce discours fut prononcé au Collège de Cambrai en 1601 (V. *1re Série*, France, t. II, p. 315, note 2). Cette date de 1601 ne concorde pas avec celle (1600) donnée par Jean-Baptiste Duval et Casaubon pour l'ouverture du cours de E. Hubert (V. *supra*, note 1).

4. V. CASAUBON. *Epistolæ*, 1709, t. II, p. 294.

5. V. *Ibidem*, t. I, p. 132.

des voyages lointains, périlleux et coûteux[1] ». Il eut recours pour sa grammaire arabe, la première qui ait été publiée par un Chrétien, à « des traités grammaticaux des Arabes eux-mêmes » qui lui avaient été procurés en partie par E. Hubert[2]. Le savoir de l'orientaliste français était, comme on le voit, très apprécié de ses confrères de l'université de Leyde. Scaliger, en particulier, tout dérouté par les protocoles en prose rythmique de la chancellerie chérifienne, et chargé de traduire les lettres arabes adressées soit au prince Maurice de Nassau, soit aux États-Généraux[3], devait s'aider des conseils de son ami français, plus familiarisé que lui avec le *cursus* des fekih marocains[4].

Mais Etienne Hubert n'avait pas, ainsi qu'Arnoult de Lisle, fait fortune au Maroc. Il en était revenu plus chargé de science que de richesses. Il vivait de sa charge. Le Trésor réglait alors très irrégulièrement les fonctionnaires. Ne pouvant se faire payer ses émoluments, Hubert fut obligé en 1601 de renoncer à la fois à sa chaire et à Paris[5], et alla habiter Orléans[6]. La retraite du savant orientaliste fit émoi à Leyde. « Utinam ille Hubertus, écrit Scaliger à Casaubon, huc se recepisset ! Impetrassem a curatoribus Academiæ ut ad professionem admitteretur. . . . . . Invideo illis qui illo Huberto hodie fruuntur ubi ille sit. Ego illius congressu multum profecissem. . . . . .[7] » Mais Casaubon fit davantage ; il intervint auprès de personnes influentes, cherchant à obtenir la réparation des mauvais procédés qu'on avait eus pour Etienne Hubert. Il lui raconte dans une lettre non datée les démarches qu'il a faites auprès de « l'illustrissime recteur », lequel, écrit-il, « m'a assuré

1. V. Th. Erpenius, *Oratio de lingua arabica*, 1621, p. 73.

2. V. Th. Erpenius, dédicace de sa *Grammatica arabica*, 1613.

3. V. 1re *Série*, Pays-Bas, t. I, p. 155, *Lettre de Scaliger à Cornelis d'Aersens*, 7 juillet 1608.

4. V. la lettre de Scaliger à Ét. Hubert, datée des ides d'octobre 1607, dans Scaligeri *Epistolæ*, 1627, p. 694. V. aussi la lettre de Scaliger à Casaubon, du 15 des calendes de mars 1606, *Ibidem*, p. 308.

5. « Cum a quæstoribus nummum adhuc nullum potuerit extorquere, et scholæ et urbi coactus est valedicere ». Lettre de Casaubon à Scaliger du 6 des ides de décembre 1601. Casauboni *Epistolæ*, t. I, p. 132.

6. Le fait qu'Étienne Hubert se retira à Orléans est établi par la suscription d'une lettre de Casaubon, sans date, mais qui doit être de décembre 1601. V. *Ibidem*, t. I, p. 633.

7. V. Scaligeri *Epistolæ*, p. 208.

qu'il allait tout-à-fait régler votre affaire avec le trésorier[1] ». Et en effet Etienne Hubert put rentrer à Paris, ayant obtenu satisfaction.

La situation du professeur allait encore s'améliorer : en 1602 Henri IV le nommait son médecin ordinaire aux appointements de 1 200 livres en remplacement du sieur Jean de Suberville[2]. L'étude de la langue arabe faisait sans doute négliger un peu à Étienne Hubert ses nouvelles fonctions, car le 22 mai 1605 le Roi dut le dispenser par brevet de ses services du quartier de janvier 1606, pour qu'il pût « aller en Espagne et de là rechercher les meilleurs livres en langue arabique et les faire apporter en France, et aussy pour conférer et discourir avec les Arabes qui estoient au royaume de Valence[3] ».

Il continua de professer l'arabe au Collège Royal jusqu'à ce qu'il se démit de ses fonctions[4], ce qui eut lieu au plus tard en 1613[5]. Il se retira à Orléans et y mourut peu de temps après, le 20 juin 1614[6], à l'âge de 47 ans. On l'enterra dans sa ville natale en l'église et monastère de Saint Samson « au cloistre des moines d'où monsieur son oncle estoit prieur[7] ». Son épitaphe en hébreu, en arabe, en grec et en latin[8] fut composée par ses élèves. L'église de Saint Samson a été détruite, mais l'inscription latine avait été

1. « Nudius quartus affirmabat mihi clarissimus præsul, quem nosti, se omnino apud τόν γαζοφύλακα tuum negotium esse confecturum. » CASAUBONI *epistolæ*, t. II, p. 633.

2. V. Bibliothèque Nationale, *Coll. Clairambault*, vol. 837, pp. 3323 et 3324.

3. V. GUILLAUME DU VAL, *op. cit.*, p. 31.

4. « De laquelle royale profession [professeur en langue arabique] il se demist volontiers... » G. DU VAL, p. 31.

5. Cela résulte d'un acte de la paroisse Saint-Maclou d'Orléans du 18 novembre 1613, dans lequel Etienne Hubert est qualifié seulement de « médecin ordinaire du Roy » (*Arch. départ. du Loiret GG 756*), alors que dans un acte de la paroisse Sainte-Catherine du 20 avril 1602, il est dit « médecin ordinaire du Roy et lecteur pour Sa Majesté en langue arabique » (*Ibidem*, f. 98).

6. Cette date est fournie par l'épitaphe d'E. Hubert. V. *infra*, p. XXVI. La date de 1616 donnée par G. DU VAL est donc erronée. D'ailleurs l'historien du Collège Royal écrit que Gabriel Sionita « obtint la chaire royalle en Arabe, vacante par le décès dudit Hubert, le sixiesme jour de février 1615, outre la demission dudit Hubert, cy-dessus alleguée... » G. DU VAL, *op. cit.*, p. 32. En outre MAUSSAC, dans un ouvrage paru en 1615, parle d'Étienne Hubert comme décédé. MAUSSAC, *Not. in Plutarchum de fluviis*, p. 276.

7. V. G. DU VAL, *op. cit.*, p. 31.

8. Cf. DOM GÉROU, *Bibliothèque des auteurs orléanais*, t. I, p. 238.

relevée par l'érudit Gaignières[1] et nous la donnons d'après lui[2] :

STEPHANO HUBERTO AURELIO CONSILLIARIO MEDICO REGIO ARABICÆ LINGUÆ PRIMO
PROFESSORI ET LINGUARUM ORIENTA
LIUM SECRETARIO INTERPRETI QUI AB
HENRICO MAGNO FRANC. ET NAVAR.
REGE CHRISTIANISS. AD MAURITANIÆ
IMPERATOREM MISSUS SUAM LEGATIO
NEM HONORIFICÈ PERFUNCTUS LINGUAM
ARABICAM DIDICIT ROMÆ EXCOLUIT
REVERSUS SEPULTAM IN GALLIA EX
CITAVIT ET IN VICINAS REGIONES
PROPAGAVIT OBIITQ. ANNO ÆTATIS SUÆ 47 REPARATÆ SALUTIS 1614.
JUNII DIE 20.
FRANCISCUS HUBERTUS FRATER REGIS
CONSILIARIUS ET RATIONUM REGIARUM AUDITOR PARENTABAT[3].

Ce ne fut que le 6 février 1615 qu'Étienne Hubert fut remplacé dans la chaire d'arabe du Collège de France par un Syrien du Mont Liban nommé Gabriel Sionita[4].

Outre sa science philologique et ses connaissances médicales, E. Hubert avait étudié la théologie, ce qui n'était pas sans étonner Pierre de L'Estoile, qui écrit dans son journal à la date du 15 septembre 1609 : « Ce jour, à la prière d'un ami, je monstrai mon estude à trois honnestes hommes qui la vinrent voir et y furent trois heures, dont il m'ennuioit bien... le tiers, ung médecin nommé Hubert, catholique, fort sçavant ès langues orientales et qu'on dit

1. Cf. Bibl. Nat. *Ms. fr. 8229, f. 65, n° 102*. — Ce Ms. fait partie d'une collection de vingt-cinq volumes (8216-8240) qui sont catalogués sous le titre général : *Recueil d'épitaphes formé par Pierre Clairambault en partie avec des débris du cabinet de Gaignières*.

2. On lit en tête : « Orléans — Jesuittes » et plus bas : « Epit. de marbre noir à droite dans le fond de l'église, en entrant par la grande porte ».

3. On lit au dessous, de la main du copiste : « Le reste est en hébreu ou grec ».

4. Cf. G. DU VAL, *loc. cit.*, pp. 31-32. — Après Étienne Hubert, le discrédit de la médecine d'Avicenne et d'Averroès amena peu à peu l'abandon de l'étude de la langue arabe, et l'on ne vit plus de médecins enseigner cette langue au Collège Royal. L'usage s'établit, à défaut d'orientalistes français, de recruter pour les fonctions de secrétaire-interprète des Arméniens ou des Syriens. Mais les conséquences fâcheuses résultant de l'emploi d'étrangers pour les négociations y fit renoncer vers le milieu du XVIIe siècle. Cf. DE GUIGNES, *Essai historique sur l'origine des caractères orientaux de l'Imprimerie royale*; DUGAT, *Histoire des orientalistes de l'Europe du XIIe au XIXe siècle*, t. I, p. XXIV.

estre assez bon théologien pour ung médecin, duquel la profession ne s'accorde guères bien avec l'autre[1] ».

Georges Fornier. — Au mois d'avril 1591, le poste de consul au Maroc se trouvait vacant par suite de la mort de Guillaume Bérard[2]. Le sieur Georges Fornier, « marchand natif et originaire de Marseille », qui avait séjourné au Maroc et y avait fait l'intérim du titulaire, rentré en France en février 1589[3], adressa une requête aux magistrats municipaux[4] de cette ville à l'effet d'être pourvu du dit office de consul. Pour donner plus de poids à sa demande, il la fit appuyer par les « marchands dudict Marseille, trafficquants et negotians ausdicts royaulmes de Fez et Marroc ». Ceux-ci, « considerant la necessité importante de la conservation du negoce » ainsi que le préjudice qui résultait non seulement pour leurs intérêts, mais encore pour les « droits et grandeurs de Sa Majesté » de voir le Maroc « destitué de consul », donnèrent un avis favorable à la nomination de G. Fornier. Nous « declarons, disaient-ils, que n'enthandons empescher, ains plustot dezirons — et la grandeur de ceste nation, bien, repos et tranquilité de tous les negossians audittes parties — que ledit Fornier soit receu, nommé et promeu en ladite charge et estat consullaire audittes parties. . . .[5] ».

Les magistrats municipaux de Marseille n'étaient pas compétents pour conférer cette charge, mais, en raison des troubles de la Ligue, ils crurent pouvoir donner à Georges Fornier le 27 avril 1591 des lettres patentes le nommant « consul, protecteur et deffanceur desdits manans et habitans dudit Marseille et de tous autres de la nation française navigant, traffiquant et negocians auxdits royaumes de Fez et Marroques et aultres lieux despandant desdittes contrées ».

1. P. de L'Estoile, *Mémoires-journaux*, édit. de la Lib. des Bibliophiles, t. X, p. 16.

2. Guillaume Bérard était mort « ces mois passés ». V. *infra*, p. 758, le certificat des marchands de Marseille daté d'avril 1591. Les lettres de nomination octroyées à Fornier par les magistrats municipaux de Marseille et datées du 27 avril 1591 portent « que Guilheaume Berard... seroit naguière dexedé ». V. *infra*, p. 760.

3. « Et mesmes ayant exercé ladite charge par quelques années, du vivant dudit Berard et en son absence d'icelle ». V. *infra*, *Addenda*, p. 758.

4. Leur titre était « les consuls de la ville de Marseille » ; on a préféré ne pas employer cette désignation pour éviter toute confusion entre leur fonction et celle des consuls à l'étranger.

5. V. *infra*, p. 759, *Certificat des marchands de Marseille*.

Ils demandaient à Sa Majesté Très-Chrétienne et à monseigneur le duc de Mayenne de vouloir bien confirmer cette « nomination, eslection et erection de consullat au proffit dudit Fournier et luy en fere expedier lettres à ce opportunes [1] ».

Cinq mois se passèrent sans que cette confirmation, par suite des troubles de la Ligue, pût être obtenue. C'est pourquoi, le 9 septembre 1591, Georges Fornier s'adressa au parlement de Provence, demandant à être commis au dit office de consul « et ce par provision et jusques à ce qu'il ayt moien d'obtenir lettres de provision de ladite charge du Roy Très-Chrestien ou s[r] duc de Mayenne, lieutenant general de l'Estat royal et coronne de France et conseil general de l'Union des Catholiques [2] ». Sur le vu de cette requête, du certificat des marchands et des lettres de nomination des magistrats municipaux, le Parlement rendit un arrêt, le 19 septembre 1591, ordonnant à Fornier de se pourvoir dans un délai de six mois auprès du Roi ou de Mayenne, afin d'obtenir un titre régulier. Mais l'arrêt ordonnait en outre que l'impétrant serait autorisé à exercer la charge de consul « jusques à ce que aultrement en soit ordonné [3] ».

En conséquence de cet arrêt, le même jour, il fut délivré à Georges Fornier, au nom du roi ligueur [4] Charles de Bourbon, des lettres patentes le nommant consul au Maroc, sous la réserve indiquée ci-dessus.

Pourvu de ce titre d'une validité conditionnelle, Georges Fornier partit pour le Maroc, mais il évita de s'établir à Merrakech, où Moulay Ahmed *el-Mansour*, sous l'influence de Arnoult de Lisle, lui aurait sans doute fait un médiocre accueil, et il alla résider auprès de Moulay ech-Cheikh, à Fez, qui était alors le foyer des intrigues espagnoles. Le parti de la Ligue eut ainsi au Maroc un consul officiel, en même temps qu'Arnoult de Lisle représentait à Merrakech le parti de Henri IV.

On manque de détails sur le séjour de Georges Fornier au Maroc.

1. V. *infra*, ces lettres de nomination, *Addenda*, p. 760.

2. V. 1re *Série*, France, t. II, p. 194.

3. V. le texte de cet arrêt 1re *Série*, France, t. II, pp. 194-195.

4. Ce roi ne pouvait être le vieux cardinal de Bourbon proclamé roi sous le nom de Charles X le 3 mars 1590, mais mort le 9 mai de la même année. Dans la nécessité de trouver un roi au nom duquel l'acte fût rendu, le parlement de Provence adopta celui de Charles, cardinal de Vendôme, puis de Bourbon (1562-1594), neveu du précédent. Les Ligueurs avaient agité la question de le reconnaître pour Roi. La conversion de Henri IV rendit vain ce projet.

Bien que le roi Henri IV n'ait jamais confirmé les lettres de provision de cet agent, celui-ci passa de longues années au royaume de Fez, car sa présence y est encore constatée au mois d'octobre 1608 par l'envoyé des Etats-Généraux des Provinces-Unies, P. M. Coy[1]. L'agent hollandais, pour le distinguer de A. de Lisle, le qualifie de « consul de Marseille ». Si Georges Fornier n'obtint jamais la régularisation de sa nomination à l'office de consul, il géra du moins fructueusement ses affaires personnelles, car, à son retour en France, il établit richement ses filles, qui épousèrent des gentilshommes de la Provence[2].

Robert de Marseilles. — Gentilhomme normand au service de Henri de Bourbon, duc de Montpensier[3]. Il est mentionné comme résidant à Merrakech dans un acte successoral du 23 juin 1598[4]. Il accompagna Arnoult de Lisle à Merrakech en 1606 et fut chargé par lui d'entrer en relations avec Sir Anthony Sherley, afin d'arriver à connaître l'objet de la mission de cet ambassadeur[5]. On le voit encore à Merrakech le 7 juillet 1609, date où il signe une attestation en faveur de P. M. Coy, l'agent des Provinces-Unies[6].

Jean Mocquet. — Il naquit vers 1576. Le lieu de sa naissance n'est pas certain. Eyriès[7] indique Vienne, mais ne donne pas la source de ce renseignement, qui semble erroné. Il est plus probable que le voyageur vint au monde à Meaux ou dans les environs. « J'estois encore à la mamelle en 1576, écrit-il, lorsque mon père fut mis en prison à Meaux[8]. » En outre, les villes auxquelles il compare les localités qu'il décrit au cours de ses voyages, sont presque toutes situées dans la Brie.

1. V. *1re Série*, Pays-Bas, t. I, p. 298 et note 1.

2. V. Bibl. Nat. *Pièces originales, vol. 1202, cote 27084*.

3. V. *1re Série*, France, t. II, *Lettre de A. de Lisle à Villeroy* du 29 janvier 1606, p. 331, et note 5. — Son frère Pierre de Marseilles, sieur d'Aplemont, était conseiller et procureur du roi au Havre.

4. V. *Archives dép. du Calvados, Série F, Registre des plaids de Roncheville, années 1598-1599*.

5. Sur Antony Sherley, V. *1re Série*, France, t. II, p. 331.

6. V. *1re Série*, Pays-Bas, t. I, p. 348.

7. *Biographie Michaud*. Cette assertion est reproduite par Lalanne, *Dictionnaire Historique de la France*.

8. V. *Voyages de Jean Mocquet*, édit. 1617, p. 441.

Mocquet fit de sérieuses études de botanique et de pharmacie, qui devaient lui faire obtenir un jour la charge d'apothicaire ordinaire du Roi[1]. On voit d'ailleurs qu'il mettait les connaissances pratiques fort au-dessus de la science de certains chirurgiens, experts en langue latine, mais manquant « de la cognoissance des medicamens et d'experience[2] ». Ses pérégrinations « en terres estranges et esloignées » commencèrent en 1601[3]; il n'avait d'autre but que de parcourir le monde. Dans la suite, la plupart de ses voyages furent entrepris à la demande du roi Henri IV[4], à la cour duquel on constate sa présence en 1605: Mocquet, à cette date, revenant d'Amérique, explique devant le Roi à Fontainebleau comment les Indiens se procurent du feu en frottant de petits bâtons[5].

Dans la série de ses voyages[6], ceux qu'il accomplit au Maroc sont chronologiquement le premier (1601-1602) et le troisième, qui eut lieu en 1606-1607.

Il s'embarqua la première fois à St-Malo, le 9 octobre 1601, sur un navire appelé « la Sirène », chargé de sel et qui allait faire la pêche au banc d'Arguin. Après avoir repoussé une attaque de pirates, le navire mouilla près du Cap Blanc. Mocquet, étant descendu à terre pour se procurer quelques œufs d'autruche, faillit être pris par les Maures. « La Sirène » alla pêcher au large du fort d'Arguin occupé par les Portugais, mais les Espagnols survinrent avec cinq navires, s'emparèrent du bâtiment et le ramenèrent à San Lucar de Barrameda

1. C'est ainsi que Mocquet est qualifié dans le « privilège » de son livre en date du 12 août 1616. Il semble avoir exercé cette fonction au moins depuis 1605, date de son départ pour un deuxième voyage au Maroc, dont il rendit compte au Roi à son retour.

2. V. *1re Série*, France, t. II, p. 388.

3. Ce premier voyage conduisit Jean Mocquet précisément au banc d'Arguin et sur la côte du Maroc.

4. Dans la dédicace de son ouvrage à Louis XIII, Mocquet dit que Henri IV lui avait fait l'honneur de lui commander une bonne partie de ses voyages. A son retour du Maroc, en 1607, Mocquet était allé rendre compte de son voyage au Roi. V. *1re Série*, France, t. II, p. 417. Il mentionne assez fréquemment ses entretiens avec Henri IV et Louis XIII.

5. V. les *Voyages de Jean Mocquet*, p. 81.

6. Mocquet fit 6 voyages : 1° sur la côte d'Afrique et au Maroc (1601-1602); 2° sur le Maragnon, avec La Ravardière (1604); 3° au Maroc (1605-1607); 4° à Mozambique et Goa (1607-1610); 5° en Syrie et Terre Sainte (1611-1612); 6°, en ce voyage Mocquet voulait faire le tour du monde; mais il ne put aller plus loin que Cadix (1614-1615). Le récit de ces voyages est d'un grand intérêt, car Mocquet est un auteur véridique et précis.

(février 1602). Fort heureusement, l'adelantado ne maintint pas l'embargo et le capitaine de « la Sirène » se hâta d'aller à Lisbonne afin de vendre son poisson « pour le caresme » ; mais il s'en trouva beaucoup d'avarié qu'on dut jeter à la mer. « La Sirène » ayant été affrétée à Lisbonne pour porter un chargement de blé à Mazagan, dont la garnison portugaise se mourait de faim, Mocquet repartit pour la côte africaine le 23 avril 1602. L'arrivée du navire sauva une fois de plus Mazagan de la famine. Mocquet, très bon observateur, fait bien connaître la vie misérable des soldats portugais dans les « fronteras ». Il rentra à St-Malo le 1er août 1602[1].

Le second voyage de Jean Mocquet au Maroc avait primitivement pour but les Indes Orientales, mais à Lisbonne, n'ayant pu réaliser ce projet, il s'embarqua le 3 août 1606 sur un navire de La Rochelle allant en Barbarie. Ce navire ayant fait escale à Safi (8 août 1606) et la présence de l'apothicaire français ayant été connue, on demanda à ce dernier de donner des soins au secrétaire de Moulay Abou Farès, venu récemment avec une caravane. Mocquet administra au malade une telle purgation qu'il lui fit « jetter par bas comme de petits serpenteaux. . . . tels qu'on ne pourroit presque s'imaginer que si vilaine et horrible chose peut estre dans le corps d'un homme[2] ». Cette cure fit sa réputation et on lui proposa d'accompagner la caravane, qui retournait à Merrakech. Il quitta Safi le 28 août et arriva le 2 septembre dans la capitale chérifienne, où il alla rendre visite au sieur A. de Lisle, logé dans le Mellah. Mocquet fait de la ville et des habitants une description très fidèle et donne sur la situation troublée du Maroc des renseignements intéressants. Il quitta Merrakech le 22 octobre et revint à Safi trois jours après. La chute de Moulay Abou Farès et la nécessité d'obtenir un nouveau passeport de son successeur le retinrent deux mois sur la côte, pendant lesquels il alla herboriser, recueillant « des plantes et de très belles fleurs pour en rapporter au Roy ». Il put s'embarquer le 24 janvier 1607 et arriva au Havre le 17 mars[3].

A la veille de son cinquième voyage, accompli en Syrie et en

1. V. *1re Série*, France, t. II, pp. 383-391, le récit du premier voyage de Jean Mocquet au Maroc.

2. V. *1re Série*, France, t. II, p. 394.

3. V. le récit de ce voyage, *1re Série*, France, t. II, pp. 391-417.

Terre Sainte de 1611 à 1612, Mocquet, suivant son habitude, vint à Paris faire sa révérence au jeune roi Louis XIII et à la reine régente. « Leurs Majestés, raconte-t-il, furent bien aises de voir mes singularitez et commandèrent de me faire baillier lieu propre en leur palais des Thuilleries pour y dresser un cabinet de toutes sortes de raretez et choses curieuses que j'avois pu ramasser en tous mes voyages par le monde[1] ». Ainsi fut créé, en 1612, le premier musée royal. Jean Mocquet, déjà apothicaire ordinaire du Roi, en fut nommé conservateur. On voit en effet que, le 8 octobre 1616, le Roi ordonna au trésorier de l'Épargne de payer la somme de quatre cent cinquante livres à « Jehan Mocquet, l'un de noz appothicaires et garde de nostre Cabinet des singularitez en nostre pallais des Thuilleries..., de laquelle nous lui avons faict et faisons don par ces presentes signees de nostre main en consideration de ses services[2]. »

La relation imprimée des voyages de Jean Mocquet porte la date de 1617, et l'absence de toute mention du voyageur à partir de cette époque dans les mémoires et journaux du temps donne lieu de croire qu'il a survécu de peu à la publication de son ouvrage.

Guillaume Curiol. — Lorsque les relations diplomatiques avec le Maroc eurent été renouées par la deuxième mission de A. de Lisle, Henri IV, qui ne reconnaissait pas la nomination faite par les Ligueurs de Georges Fornier comme consul en ce pays et qui considérait que cet office était vacant depuis la mort de Guillaume Bérard, y nomma par lettres patentes du 16 septembre 1607[3] le sieur Guillaume Curiol, marchand et citoyen de la ville de Marseille[4]. Il accordait en même temps la survivance de la charge à Jean Philippe Castelane. Guillaume Curiol éprouva sans doute, comme ses prédécesseurs, de grandes difficultés à faire acquitter par les négociants français les droits qui lui revenaient en raison de sa charge.

1. V. *Voyages en Afrique, Asie..., faits par Jean Mocquet*, Ed. princeps, p. 418.

2. Bibl. Nat. *Pièces originales, vol. 1975, cote 45,357, n° 2.*

3. V. *1re Série*, France, t. II, pp. 376-378, les provisions de G. Curiol.

4. On trouve un Jean Curiol douzième échevin de la ville de Marseille en 1664. Cf. O. Teissier, *Les anciennes familles marseillaises*.

Aussi, après la mort de Henri IV, dans les lettres de confirmation [1] qui lui furent données par Louis XIII, le 22 septembre 1610, il est recommandé au duc de Guise, gouverneur de la Provence, de faire cesser « *tous troubles et empêchements apportés à l'exercice* de ladite charge ».

Guillaume Curiol dut mourir ou résigner ses fonctions avant décembre 1611, année où la présence de Jean Philippe Castelane, qui avait la survivance de son consulat, est constatée au Maroc [2].

JEAN PHILIPPE CASTELANE. — Il appartenait à une famille de marchands marseillais, dont on retrouve plusieurs membres à Tunis et à Smyrne durant le cours du XVIIe siècle [3]. La première mention que nous ayons de lui remonte à juillet 1604. A cette époque il était patron d'un navire à bord duquel se trouvait un chaouch envoyé par le Grand Seigneur auprès de Henri IV pour lui remettre une lettre du 23 août 1603 l'informant des mesures qu'il avait prises pour assurer la protection du commerce dans le Levant [4]. Ce chaouch, après avoir été reçu à Paris par le Roi, alla sur le bâtiment de Castelane pour porter au pacha d'Alger les ordres du sultan. Castelane devait s'employer à obtenir la libération des captifs du Bastion de France et la reconstruction de cet établissement. Cette mission n'eut pas de succès [5] et le Divan d'Alger devenu le seul maître déclara que « celui qui proposerait de rétablir le Bastion serait puni de mort ». Primitivement le chaouch du Grand Seigneur

1. V. ces lettres de confirmation, *1re Série*, France, t. II, pp. 508-510.

2. V. *1re Série*, Pays-Bas, t. II, pp. 22-23, et *infra*, p. XXXIV.

3. On trouve en 1670 un François de Castelane, marchand français à Tunis (Arch. de la Chambre de commerce de Marseille CC 155). Un autre marchand Jean Philippe Castelane mourut à Smyrne en 1688. En outre il existe un volumineux dossier relatif à un procès que son père Henry Philippe Castelane intenta à Jean-Baptiste Fabre, marchand français établi à Constantinople, pour détournement de sa succession (Bibl. Nat., *Imprimés, Thoisy, vol. 105*). On voit que le nom de Philippe ou Phelipe n'est pas un prénom, mais un nom de famille. Les provisions de 1607 et 1610 ne mentionnent que Jean Phelipe, sans ajouter Castelane.

4. V. *1re Série*, France, t. II, p. 321. Lettre de Mahomet III à Henri IV, 23 août 1603.

5. V. le récit qu'en fait Castelane dans sa lettre au duc de Guise du 11 juillet 1604. Bibl. Nat., Ms. fr. 23 198, f. 238. Cf. également la lettre de P. Vias, consul de France à Alger au duc de Guise du 3 août 1604. *Ibidem*, ff. 236-237, et GRAMMONT, *Hist. d'Alger*, p. 146.

devait aussi se rendre au Maroc auprès du chérif Moulay Ahmed *el-Mansour*. Mais, celui-ci étant mort le 24 août 1603, il y a lieu de croire que la lettre du sultan au Chérif[1] ne fut jamais portée au Maroc.

Jean Philippe Castelane avait donc déjà à cette époque été employé par la cour de France. Aussi, lorsque Arnoult de Lisle eut rétabli les relations diplomatiques avec le Maroc, le capitaine marseillais obtint-il aisément la survivance de la charge de consul en ce pays, charge qui avait été conférée à Guillaume Curiol par lettres patentes de Henri IV du 16 septembre 1607. Ces lettres portent que la nomination de Curiol est faite « à condition toutesfois de survivance de luy [G. Curiol] et de Jean Phelipe, aussy citoyen de nostre ville de Marseille[2] ». Ces lettres patentes furent confirmées avec la même clause par Louis XIII le 22 septembre 1610[3].

On ne trouve pas trace de la venue de Castelane au Maroc avant 1611. Curiol dut probablement mourir ou du moins resigner sa charge cette année-là, car en décembre 1611 on constate l'arrivée à Safi[4] de Castelane, sur son vaisseau « le Notre Dame de la Garde ». Aux termes de ses lettres de provision, il ne semble pas que le capitaine marseillais ait été investi d'autres pouvoirs que de ceux de consul[5] ; ses attributions étaient celles de Guillaume Bérard auquel il succédait en fait, puisqu'on ne trouve aucune preuve du séjour de Curiol au Maroc. Mais Castelane paraît avoir eu de sa mission une conception beaucoup plus grande : il montra au Chérif le texte d'une alliance entre le roi de France et le Grand Seigneur[6]

1. V. cette lettre, datée comme celle adressée à Henri IV, du 23 août 1603. *1re Série*, France, t. II, p. 324.

2. V. ces provisions, *1re Série*, France, t. II, p. 376.

3. V. cette confirmation, *Ibidem*, p. 508.

4. V. la lettre de Moulay Zidân à Samuel Pallache du 13 février 1612, *1re Série*, Pays-Bas, t. II, pp. 22 et 23.

5. Castelane fit d'ailleurs une déclaration dans ce sens, lorsqu'après la capture de son navire il fut interrogé par Juan de Lara. « Un Frances que dizo avia salido por horden del roy de Francia a tratar de poner un consul en Marruecos para el rescate de los Franceses ». V. *1re Série*, Espagne, *Lettre de Juan de Lara à Medina-Sidonia*, à la date du 13 juillet 1612. L'amiral Fajardo, confirmant le renseignement donné par son lieutenant, écrivait à Ciriça : « El consul de aquella nacion que fue desde Marsella con cartas suyas a pedir unos cautivos franceses ». V. *Ibidem*, *Lettre de Fajardo à Ciriça*, à la date du 6 octobre 1612.

6. Il s'agit du traité conclu entre la France et la Porte par M. de Brèves le 20 mai 1604. On sait que Achmet Ier

et lui offrit, au nom de Louis XIII, de conclure un accord analogue. Moulay Zidân accueillit cettre offre avec empressement et rendit la liberté aux captifs français [1]. Castelane s'en retourna avec un projet de traité et « deux lettres closes de parchemin enfermées dans deux sachets, l'un de soie verte, l'autre de damas [2] ». Il emmenait en outre deux chevaux offerts par le Chérif, l'un à Louis XIII, l'autre au duc de Guise, gouverneur de Provence, de qui le consul marseillais tenait peut-être des instructions diplomatiques. Il laissait au Maroc son fils et son neveu, personnages sur lesquels nous ne possédons aucune autre indication.

A peine était-il de retour à Safi que Moulay Zidân y arrivait luimême précipitamment, avec ses femmes, ses biens et quelques caïds fidèles : le marabout Abou Mahalli venait d'infliger à sa mahalla une sanglante défaite. Le chérif, voulant se rendre dans le Sous pour y organiser la résistance, affréta à cet effet le « Notre-Dame de la Garde » ainsi qu'un navire hollandais mouillé à Safi pour transporter à Agadir une cargaison de peaux [3]. Au retour les deux bâtiments, qui faisaient voile de conserve, rencontrèrent un navire hollandais qu'ils canonnèrent. Après l'avoir abordé et s'être emparé de ses vivres et de sa cargaison, ils le laissèrent continuer sa route [4] et rentrèrent à Safi, d'où Moulay Zidân les fit repartir pour Agadir.

assurait par ce traité de grands avantages à la France et accordait la liberté aux captifs français détenus aux pays Barbaresques. Cette dernière clause n'avait reçu son application qu'à Tunis.

1. V. *1re Série*, Pays-Bas, t. II, *Lettre de Moulay Zidân à Samuel Pallache*, 13 février 1612, p. 22, note 7 et p. 23, note 1; *Ibidem*, p. 108, *Lettre de Moulay Zidân aux États-Généraux*, 27 juin 1612.

2. « Dos cartas cerradas de pergamino celladas en dos fundas, la una de raso verde y la otra en un damasquillo ». V. *1re Série*, Espagne, *Lettre de Lara à Fajardo* à la date du 18 juillet 1612.

3. Le fait de ce premier voyage du « Notre-Dame de la Garde » de Safi à Agadir est établi : 1° Par la déposition de l'équipage interrogé par Juan de Lara (*1re Série*, Espagne, *Lettre de Juan de Lara à Medina-Sidonia*, à la date du 13 juillet 1612); 2° Par la déclaration de Moulay Zidân qui écrit : « Nous nous sommes servis de son navire [le navire de Castelane] pour *quelques nostres afferes* et y avons chargé quelques biens nostres » (*1re Série*, Pays-Bas, *Lettre de Moulay Zidân aux États-Généraux*, à la date du 27 juin 1612, V. *1re Série*, Pays-Bas, t. II, p. 108); 3° Par une lettre de Vaucelas écrivant à Louis XIII qu'il a vu les pièces du procès de Castelane et de ses compagnons « qui tous ont confessé avoir pris un certain vaysseau de marchands en ce voyage de Barbarie et que, par conséquent, ils [les juges espagnols] ne leur ont point fait de tort de les condamner comme pirates ». V. France, t. II, p. 591.

4. V. *1re Série*, Espagne, 13 juillet 1612.

Il embarqua ses femmes et sa suite sur le navire hollandais[1] et confia au « Notre-Dame de la Garde » le reste de ses biens ; c'étaient ses « hardes » et surtout sa bibliothèque « septante-troys fardous ou balles grandes de livres mahometans[2] ». Le prix convenu avec Castelane pour l'affrétement était de trois mille ducats[3].

Le 16 juin 1612, le navire hollandais et le « le Notre-Dame de la Garde » arrivèrent pour la seconde fois dans le port d'Agadir. Mais, tandis que le premier mettait à terre Moulay Zidân et sa suite, Castelane refusait de débarquer la bibliothèque et les caisses du Chérif, avant d'avoir reçu le prix convenu pour l'affrétement de son navire. Comme le payement se faisait attendre et que d'autre part les vivres du « Notre-Dame de la Garde » commençaient à s'épuiser[4], Castelane, d'accord avec son équipage[5], prit un parti radical : il mit à la voile dans la nuit du 22 juin, emportant à son bord la bibliothèque et les bagages chérifiens. Son intention manifeste[6] — qui a été travestie par tous les historiens — était de ramener son navire à Marseille et de remettre le précieux dépôt entre les mains du duc de Guise, en demandant qu'on le désintéressât.

Il fut, pour son malheur, retardé par les vents contraires et se trouvait encore à hauteur de Salé le 5 juillet 1612, quand il fut rencontré par quatre vaisseaux espagnols détachés de la flotte de l'amiral Fajardo et commandés par Juan de Lara ; ces vaisseaux donnèrent la chasse au « Notre-Dame de la Garde » et s'en emparèrent. A cette époque les Espagnols se considéraient comme ayant le droit de capturer tout navire français se trouvant dans les parages du Maroc. Un interrogatoire sommaire[7] de l'équipage, fait pour la

1. V. *1re Série*, Espagne, 13 juillet 1612.

2. V. *1re Série*, France, t. II, p. 542, *État des biens enlevés à Moulay Zidân*, pp. 541-543.

3. V. *1re Série*, Espagne, *loc. cit.*

4. « Hallandose sin bastimento con que poder esperar ». *1re Série*, Espagne, *Relation Nicolas André*, à la date du 20 juillet 1612.

5. « Hizieron acuerdo », *Ibidem*.

6. Cela résulte de la déclaration que fit par lettre le maître du vaisseau à M. de Vaucelas. Il affirma que l'on avait retenu les hardes de Moulay Zidân pour se payer des services qu'on avait rendus à ce chérif. V. *1re Série*, France, t. II, *Lettre de Vaucelas à Puisieux*, 10 septembre 1612, p. 544. « Ces Marseillais disent qu'ils eussent le tout deposé ès mains de monsieur de Guise ». *Ibidem*, p. 551.

7. Juan de Lara ne voulut pas soumettre l'équipage à la torture pour obtenir des aveux plus complets, à cause de la paix qui existait alors entre Philippe III et Louis XIII. « No he querido mas apremiarlos ni darlos tormento por aclarar mas

forme, donna à Lara le prétexte qu'il cherchait. Il fit transporter la cargaison sur un de ses vaisseaux le « San Lorenzo », ne laissant à bord du Notre Dame de la Garde que la bibliothèque chérifienne[1], puis il attendit les ordres de Fajardo. L'amiral fit amener le navire capturé à Cadix[2], où le tribunal maritime saisi de l'affaire le déclara de bonne prise, soit que les juges aient considéré « le Notre-Dame de la Garde » comme enlevé à un belligérant, le roi du Maroc, soit qu'on ait simplement regardé Castelane comme un pirate[3]. En conséquence, une sentence rendue le 23 octobre 1612 condamna le maître et le contre-maître à la peine capitale, les autres, y compris Castelane, aux galères[4].

On peut juger, d'après les lettres[5] de Moulay Zidân au roi de France et aux États-Généraux des Provinces-Unies, de la colère du Chérif à la suite de la fuite de Castelane, et de la perturbation que cet incident jeta pendant de longues années dans nos relations avec le Maroc. Louis XIII paraît avoir été uniquement préoccupé de dégager la responsabilité de la cour de France en cette affaire, en désavouant son agent. Répondant, le 5 juin 1615, aux États-Généraux des Provinces-Unies, qui s'étaient entremis pour le règlement de ce conflit, il qualifie Castelane d' « homme sans adveu qui ne fut oncques nostre ambassadeur ny recommandé d'autre titre que de marchand, duquel ayant abusé comme de son debvoir envers nous et de la fidélité qu'il debvoit à la fiance que ledict roy [du Maroc] avoit prise de ses actions et effectz..., perfide personne que nous ferions chastier, selon son demerite, à la rigueur de nos

esta verdad, por ser Franceses y ver las paces que ay entre Nuestro Rey y el suyo ». V. *1re Série*, Espagne, *Lettre de Juan de Lara à Medina-Sidonia*, à la date du 13 juillet 1612.

1. « Todos los fardos y cofres de hazienda que se hallaron ser de Muley Cidan y meterlo en uno de los navios de guerra que es « San Lorenzo », excepto... una gran libreria del Rey ». *Ibidem*

2. V. *1re Série*, Espagne, à la date du 18 novembre 1612.

3. On a vu que Castelane, de concert avec un navire hollandais, avait capturé un navire des Provinces-Unies. V. *supra*, p. XXXV et note 3.

4. V. *1re Série*, Espagne, à la date du 18 novembre 1612.

5. V. *1re Série*, France, t. II, p. 597, *Lettre de Moulay Zidân à Louis XIII*, 24 mars 1616; *Ibidem*, Pays-Bas, t. II, p. 108, *Lettre de Moulay Zidân aux États-Généraux*, 27 juin 1612; p. 737, *Lettre de Moulay Zidân à Samuel Pallache*, 13 décembre 1612; p. 603, *Lettre de Moulay Zidân aux États-Généraux*, 31 octobre 1615.

loix, si nous avions peu le tirer du lieu où il a pris refuge en son crime »[1].

Ainsi le roi de France, outre qu'il imputait à un dessein malhonnête le brusque départ de Castelane, déniait à cet agent son caractère officiel. Que Castelane ait cherché à jouer de l'ambassadeur pour faire accepter au Chérif un projet d'alliance, la chose est assez vraisemblable, mais elle n'aurait pas tiré à grande conséquence, si les événements avaient pris une autre tournure. Il n'en est pas moins certain que Louis XIII faisait, pour les besoins de la cause, bon marché du titre officiel dont jouissait Castelane, aux termes très précis de sa provision de consul. Aussi bien le roi de France, malgré cette indignation de circonstance, recommandait à l'ambassadeur de France à Madrid, M. de Vaucelas, de réitérer ses instances auprès de Philippe III pour obtenir l'élargissement de Castelane et de ses compagnons, toujours retenus dans les prisons de Cadix, en attendant la décision du tribunal d'appel[2].

La question s'était posée de savoir si le procès devait être jugé par le Conseil d'État, en l'envisageant comme une affaire diplomatique, ou évoqué au Conseil de guerre, en le considérant comme une affaire de prise. Les deux Conseils rendirent en août 1613 un arrêt en commun, arrêt assez incohérent : le navire était déclaré de bonne prise et d'autre part on ordonnait la mise en liberté des inculpés[3]. Il ne semble pas que cet arrêt ait été suivi d'exécution, car, en juin 1615, l'affaire, sur les instances de Vaucelas, ambassadeur de France à Madrid, fut examinée à nouveau et tranchée dans un sens encore plus défavorable, puisque Castelane et ses compagnons étaient condamnés aux galères[4].

Castelane ne paraît pas être rentré en France. Il mourut au plus tard en 1619[5].

1. V. 1re Série, Pays-Bas, t. II, p. 573, *Lettre de Louis XIII aux États-Généraux*, 5 juin 1615.

2. V. 1re Série, France, t. II, *Lettre de Vaucelas à Marie de Médicis*, 15 octobre 1613, p. 559; *Lettre de Vaucelas à Puisieux*, 26 juin 1615, p. 583; *Lettre de Vaucelas à Louis XIII*, 9 juillet 1615, p. 590.

3. V. 1re Série, France, t. II, *Lettre de Vaucelas à Puisieux*, 25 août 1613, p. 536 et note 1.

4. V. *Ibidem*, *Lettre de Vaucelas à Puisieux*, 26 juin 1615, p. 584.

5. Un état des consuls français dans le Levant en date d'août 1619 porte que le consulat du Maroc est « vacant par la mort de Castelurme [Joan Philippo Castelano] ». V. *infra*, Doc. XII, p. 53.

Antoine de Sallettes, sieur de Saint-Mandrier. — Ce gentilhomme provençal, dont le nom défiguré par les Espagnols se rencontre sous les formes : Salvaleta, Samandris, San Manrique, Suma Andrea, etc. avait dû naître à Toulon dans le dernier quart du XVIe siècle[1]. Les détails manquent sur ses débuts : on sait seulement qu'il était « extremement addroit en toute sorte d'exercice militaire et très-sçavant aux sciences mathematiques[2] », ainsi que fort expert dans l'art de l'ingénieur[3]. Saint-Mandrier servit probablement avec ardeur en Provence la cause de Henri IV « auquel, écrit-il à Louis XIII, je m'estoys norry »[4]. En 1604, il a des démêlés avec les consuls et les habitants de Toulon au sujet de l'établissement de salines[5]. Son existence paraît avoir été déjà celle d'un aventurier, car en 1611, à la tête de dix partisans, il commet un meurtre « en personne de l'enseigne et sergent de la compagnie que avoyt le syeur de Saint-Pierre en la guarnison à paye mort de la ville de Tollon en Provence »[6]. Obligé de sortir de France avec ses complices à la suite de cette affaire, il alla offrir ses services à Charles Emmanuel Ier, duc de Savoie, qui intriguait alors avec les mécontents de Provence. Devenu bientôt capitaine d'une compagnie de 100 à 120 hommes « presque tous retirez du royaume [de France] pour mesfaits[7] » comme lui-même, il servit ce prince dans la guerre de Montferrat (1612-1613). Vers la fin de 1613 il revint clandestinement à Toulon. Les consuls sont avisés le 30 novembre « que le duc de Savoye a intelligences sur ceste ville par le moyen du s[r] de Sainct-Mandrier et de ses complices... et que ledict s[r] de Sainct-Mandrier et Chabert sont estés souvent en

1. Il fit ses premières armes après 1594, date où la Provence revint à Henri IV. — Sa naissance à Toulon est établie par un grand nombre de documents. Citons entre autres l'état des gentilshommes et soldats français se trouvant à Turin en juin 1613. Dans cet état on lit : « Le S[r] de St Mandri, provençal de la ville de Tolon... ». V. Bibl. Nat., *Ms. fr. 16914, f. 524 v°*. Cette liste avec renseignements biographiques avait été dressée par M. Gueffier, agent de France à Turin, et jointe à une dépêche qu'il adressait à Puisieux, le 29 juin 1613.

2. Cf. Honoré Bouche, *Hist. chron. de Provence*, t. II, p. 869.

3. Cf. Cespedes, *Primera parte de la Historia de D. Felipe IV*, p. 345.

4. V. *infra*, p. 15.

5. Cf. Arch. Nat. *Arrêts du Conseil d'État* E 6[b], f. 120 ; E 8[a], f. 28 ; E 8[b], f. 246 ; E 10[a], f. 77 ; Bibl. Nat., *Ms. fr. 18168, ff. 11 et 228 ; 18170, f. 37*.

6. V. *1re Série*, Dépôts divers, Florence, *Lettre de J.-B. de Brémoy à Orso d'Elci*, 28 décembre 1617.

7. V. Bibl. Nat. *Ms. fr. 16194, f. 524 v°*.

ceste ville[1] ». L'assemblée, après en avoir délibéré, décide « que les gardes de la ville seront renforcées, et sera faicte patrouille par les capitaines des quartiers de ladicte ville ; ... que lesdicts s^rs viguier, conseil et assamblée se transporteront aux maisons desdicts sieurs de Sainct-Mandrier, Chabert et aultres, sy besoing est, pour fere telles visites et perquisitions que seront requises et naissessaires...[2] »

L'entreprise du duc de Savoie sur Toulon ne fut pas sans doute poussée plus avant. Aussi bien Saint-Mandrier n'était pas homme à se prêter à des machinations contre sa patrie. Tout son désir était d'y rentrer et il répondait à Mr Gueffier, agent de Louis XIII en Savoie « que s'il pouvoit retourner en France, il ne manqueroit tout aussy tost de le faire et d'y ramener ses compagnons pour obéir aux volontés de Leurs Majestez[3], que la seule necessité l'avoit luy et eux porté icy pour ne scavoir où se retirer ; que s'ilz pouvoient avoir abolition de ce qu'ilz ont fait, ils aymeroient beaucoup mieux estre emploiez au service du Roy qu'à nul autre prince ». St Mandrier ajoutait que présentement en Savoie « il se faisoit un apprest sur mer auquel Son Altesse [Charles-Emmanuel Ier] le vouloit employer[4] ».

Une des idées politiques des ducs de Savoie à la fin du XVIe siècle avait été de donner une marine à leur pays, afin de lui faire jouer un rôle parmi les états maritimes de l'Italie. C'est pour cette raison que le duc Emmanuel-Philibert entretenait des

1. V. Arch. com. de Toulon, *BB 53, ff. 692 v°-693.*

2. V. *Ibidem.* — A la suite de cette délibération le parlement d'Aix reçut l'ordre d'ouvrir une information contre le s^r de Saint-Mandrier.

3. Puisieux avait écrit à Gueffier d'avoir à signifier aux gentilshommes et soldats français engagés au service du duc de Savoie « le commandement de Leurs Majestez de se retirer de sond^t service ». Gueffier ne pouvant pas publier ouvertement à Turin l'ordonnance royale, s'arrangea pour en faire « voir le contenu en particulier à chacun des d^s François ». C'est à cette communication que répond St-Mandrier. V. Bibl. Nat. *Ms. fr. 16914, f. 522.*

4. V. *Ibidem,* f. 524. — St-Mandrier avait même pour la famille royale un culte chevaleresque. Le s^r de Mareuil ayant dit dans une « compagnie de plus de vingt personnes et très-hault que le marquis d'Ancre couchoit avec la Royne, St-Mandry qui estoit là prist la parole et dict que cela estoit faulx. » Une querelle survint, et le duc de Savoie eut beaucoup de peine à mettre d'accord les deux gentilshommes français. V. *Lettre de Gueffier à Puisieux,* 5 juillet 1613, Bibl. Nat. *Ms. fr. 16914, f. 536 v°.*

galères dans le port de Villefranche[1]. Son fils Charles-Emmanuel, poursuivant cette politique et ayant en outre des représailles à exercer contre l'Espagne, qui l'avait obligé à restituer le Montferrat, conçut tout un plan maritime dont l'exécution fut confiée en partie à Saint-Mandrier[2]. Celui-ci devint pour la circonstance homme de mer, et, muni de lettres de marque du Duc, il courut sus aux navires de l'Espagne. Mais il reçut en même temps une mission plus importante relative à El-Mamora.

Rendez-vous des pirates de toutes les nations, ce port marocain échappait complètement à l'autorité de Moulay Zidân et jouait alors sur la côte atlantique le rôle d'Alger sur la côte méditerranéenne. Le capitaine anglais Henry Mainwaring[3] y avait fait reconnaître son autorité et recevait des propositions de toutes les puissances qui convoitaient cette position. Les Pays-Bas avaient obtenu du Chérif l'autorisation de chasser les pirates de El-Mamora et d'élever pour son compte un fort sur la côte[4], dont ils espéraient bien rester les seuls maîtres. Mais l'Espagne était plus intéressée qu'aucune autre nation à enlever à ses ennemis présents et futurs cette base d'opération contre sa flotte des Indes. Charles-Emmanuel Ier, au courant de ces compétitions, chargea Saint-Mandrier d'entrer en pourparlers avec Mainwaring[5], afin de faire accepter à la pseudo-république, qui se sentait menacée à la fois par l'Espagne, par les Pays-Bas et par le Chérif, l'autorité et la protection de la Savoie.

Saint-Mandrier dut mettre à la voile au printemps de 1614; il capturait le 30 mai dans le port de Carthagène[6] un navire hollandais « le Paon Doré » et se dirigeait ensuite sur El-Mamora où il entrait avec sa prise. Un mois après, le 27 juin, trois vaisseaux envoyés par les États-Généraux et placés sous le commandement

1. Sur les desseins maritimes du duc Emmanuel Philibert et de son amiral André de Provana, Cf. COSTA DE BEAUREGARD, *Mémoires historiques sur la maison royale de Savoie*, t. II, p. 66.

2. Cf. CESPEDES, *loc. cit.*

3. Cf. CORBETT, *England in the Mediterranean*, t. I, pp. 56-59; *1re Série*, Angleterre, aux dates 4 juillet 1611, année 1612 *passim*, 2 juin 1618 et le *Discourse on pirates* de H. Mainwaring.

4. En fait, c'était Samuel Pallacho qui avait pris sur lui de faire cette proposition au nom du Chérif. *Cf. 1re Série*, Pays-Bas, t. II, p. 257 et note 4. V. aussi *Ibidem*, pp. 252, 254 et 277.

5. Cf. *1re Série*, Angleterre, aux dates indiquées ci-dessus, note 3.

6. Cf. *1re Série*, Pays-Bas, t. II, pp. 364-367.

de l'amiral Jan Evertsen venaient bloquer le port[1]. Tandis que les Hollandais attendaient les instructions de Moulay Zidân pour descendre à terre[2], l'amiral Fajardo parut le 3 août devant El-Mamora avec une flotte de quatre-vingt-dix-neuf voiles et une troupe de sept mille hommes. Evertsen salua le pavillon espagnol, et, faisant contre mauvaise fortune bon cœur, il communiqua à Fajardo tous les renseignements qu'il avait sur les pirates, bloqués par lui depuis un mois. Les Espagnols débarquèrent sans résistance au nord de El-Mamora et s'emparèrent des batteries dont ils braquèrent les canons sur les vaisseaux des pirates. Ceux-ci mirent le feu à quelques prises, mais n'eurent pas le temps de détruire leurs navires qui restèrent entre les mains des Espagnols ; ils se réfugièrent en hâte à Salé. Nous n'avons aucun détail sur le rôle que joua Saint-Mandrier pendant ces opérations. Il tenta sans doute de forcer le blocus et de gagner la pleine mer, mais « il fut si rudement accueilly par quelques vaisseaux espagnols qu'il fut contraint d'entrer et de remonter le long d'une rivière [l'oued Sbou], aimant mieux se rendre à la mercy des infidelles que de se laisser prendre aux Espagnols. Entrant dans les terres de Fez, il fut fait prisonnier et presenté au Roy [Moulay Zidân] qui, voyant sa bonne mine et celle de ses gens, l'employa en ses guerres tant pour l'infanterie que pour la cavalerie, en quoy il réussit merveilleusement bien[3] ».

Les connaissances techniques de Saint-Mandrier lui concilièrent bientôt la faveur de Moulay Zidân, qui en fit son ingénieur ; grâce à lui on vit au Maroc des fonderies de canons et des raffineries de salpêtre[4]. Consulté sur tous les projets, il devint l'homme le plus en vue du makhzen, « faisant donner les charges de l'Etat à qui bon luy sembloit[5] », exposé par contre à tous les risques que comporte une pareille fortune. Au milieu des satisfactions de l'ambition, il semble que le gentilhomme toulonnais ait toujours eu la

1. Cf. *1re Série*, Pays-Bas, t. II, pp. 307, 335 et 351, et France, t. II, p. 567 et notes 4 et 5.

2. Evertsen ne devait occuper El-Mamora qu'après en avoir reçu l'ordre du Chérif. Cf. *1re Série*, Pays-Bas, t. II, p. 339 et note 2. Mais Samuel Pallache, qui s'était évidemment trop avancé, ne put obtenir cet ordre. Cf. *Ibidem*, pp. 305, 312 et note 1 ; 323 et 339.

3. V. Honoré Bouche, *Hist. chron. de Provence*, t. II, p. 869.

4. Cf. Cespedes, *loc. cit.* et *infra*, p. 32.

5. V. Honoré Bouche, *loc. cit.*

hantise du pays natal : « cette demeure dans les terres infidelles ne luy agréoit pas, et il desiroit de retourner à son pays, en la Chrétienté[1] ». Aussi saisit-il avec empressement l'occasion des différentes missions françaises qui furent envoyées au Maroc à la suite de l'affaire Castelane, pour entrer en rapports avec le Roi et lui rendre tous les services en son pouvoir. Déjà, au commencement de l'année 1617, il correspond avec Harlay de Sancy ambassadeur de France à Constantinople et lui donne avis « que tous les François sont à la chaisne »[2]. Le 15 juin de cette même année, en réponse à une lettre qui lui a été remise par Boniface de Cabanes, croyant que Louis XIII lui a accordé des lettres d'abolition, il écrit : « J'ey veu qu'il a pleu à Vostre Majesté me donner mon abolission pour le fet de l'omycide. Sertes je ne m'étois moins promis de la clemance d'un sy grant Roy[3] ». Cette nouvelle était prématurée, car nous voyons Saint-Mandrier revenir à la charge dans une lettre adressée au Roi le 1er janvier 1618 : « Mès pleut à Dieu, écrivait-il, que Votre Magesté dognat ce servir de moi, et me vollut donner une abolission, qui vès morant de desir de morir en son servisse[4] ». Et de même, dans toutes les intrigues du capitaine provençal avec les autres puissances chrétiennes, on le voit toujours subordonner son concours à cette condition d'obtenir des lettres d'abolition du roi de France.

Ce n'est pas seulement en effet avec la France que Saint-Mandrier chercha à entrer en relations. Dès l'année 1617 il aurait fait des ouvertures à l'Espagne[5]. En 1619 on retrouve l'aventurier provençal à Safi auprès de Moulay Zidân, qui, pressé par les rebelles, songeait à demander protection aux Espagnols. D. Jorge Mascarenhas, qui espérait avoir l'honneur de recueillir le Chérif, suivait avec anxiété les événements. Voulant profiter des offres de Saint-Mandrier, il fit partir pour Safi Fco Diaz Faleiro avec la mission de s'aboucher avec lui et de lui faire entendre que, s'il

1. V. Honoré Bouche, *loc. cit.*

2. Cf. *infra*, p. 7, *Lettre de Harlay de Sancy à Léon Foureau*, 13 mai 1617.

3. V. *infra*, p. 15.

4. V. *infra*, p. 19.

5. D. Jorge Mascarenhas, en janvier 1619, écrit qu'un an et demi auparavant, Saint-Mandrier lui avait adressé de Morrakech une lettre dans laquelle il proposait ses services au roi d'Espagne et demandait un sauf-conduit pour se rendre soit à Mazagan, soit à Larache. Ce sauf-conduit fut accordé par Philippe III, mais ne fut pas utilisé.

parvenait à décider Moulay Zidân à se réfugier en Espagne, la reconnaissance de Philippe III lui serait acquise et que ce serait pour l'expatrié « le meilleur moyen d'obtenir la liberté qu'il désirait tant[1] ». Mais Saint-Mandrier, sollicité par les Hollandais, détourna le Chérif de demander asile aux Espagnols. « Il lui démontra, dit Cespedes, tous les avantages qu'il pourrait retirer des Hollandais et le décida à ouvrir un port sur la côte atlantique, destiné à inquiéter nos flottes[2] ».

La création de ce port fit de 1619 à 1624 l'objet des négociations des puissances chrétiennes avec Moulay Zidân. Safi était alors sur la côte atlantique le seul port chérifien ; Mazagan, El-Mamora, Larache étaient aux mains des Chrétiens ; quant à Agadir, il relevait le plus souvent des rebelles du Sous. Un nouveau mouillage avait été reconnu dans la lagune d'Aïer, située dans le pays des Doukkala, à 20 kilomètres au nord-est du cap Cantin. Saint-Mandrier, qui avait visité les lieux avec sa compétence d'ingénieur, estimait qu'en faisant sauter un banc de rochers, la lagune pourrait, à peu de frais, être mise en communication avec la mer et former un excellent mouillage. L'Espagne prit ombrage de ce projet du Chérif, et de savoir que l'exécution en serait probablement confiée aux Hollandais n'était pas fait pour diminuer ses inquiétudes. Les États-Généraux, empressés de satisfaire les désirs de Moulay Zidân, s'offraient à faire les travaux, moyennant une promesse de concession[3].

Cependant, contrairement à ce qu'écrit Cespedes, ce ne fut pas aux Hollandais que Saint-Mandrier crut devoir soumettre ce projet. Il voulut en faire bénéficier la France. Précisément à l'époque dont il s'agit, au commencement de janvier 1619, il était arrivé à Safi un vaisseau commandé par le chevalier de Razilly, à bord duquel se trouvait un « ambassadeur » ou plutôt un simple envoyé du roi de France, le s[r] Claude Du Mas. C'est à eux que Saint-Mandrier exposa les intentions de Moulay Zidân concernant la création d'un port à Aïer. Il fit ressortir les grands avantages qu'on pourroit tirer de ce port pour la pêche du corail, pour la récolte du sel et d'autres

1. V. *infra*, p. 32.
2. Cf. Cespedes, *loc. cit.*
3. Cf. *1re Série*, Pays-Bas, t. III, à la date du 2 juillet 1621.

produits, prétendant qu'avec une légère somme d'argent il serait facile d'obtenir de « Sa Majesté du Maroc » la concession de cet endroit pour quelques années[1]. Razilly et Du Mas repartirent le 20 février 1619 pour la France[2], emmenant à bord un « gentilhomme maure[3] » nommé Sidi Farès, que Moulay Zidân envoyait à Louis XIII avec charge de réclamer la restitution des livres enlevés par les Espagnols à Castelane, condition *sine qua non* de toute autre négociation. Le Chérif demandait également qu'on lui envoyât comme ambassadeur François de Razilly[4], frère aîné du Chevalier, dont la réputation d'ennemi de l'Espagne était parvenue jusqu'à lui.

Le projet de Saint-Mandrier fut accueilli en France avec faveur, et une société ayant à sa tête un grand financier de l'époque, le sr de Montmort, se fonda pour l'exploitation du port d'Aïer[5]. Toutefois le « chevalier more » ne fut pas reçu à la Cour et resta au port où il était débarqué[6], soit que son titre d'ambassadeur ne fut pas suffisamment officiel, soit que Louis XIII préférât ne pas s'expliquer sur l'affaire Castelane. De plus on n'envoya pas au Maroc le frère de Razilly[7] demandé par le Chérif, mais ce fut le sr Claude Du Mas qui repartit pour ce pays avec le sr de La Mole, intéressé dans la Société Montmort. Il relâcha à Cadix, où il vit D. Fadrique de Tolède, capitaine général de la flotte de la mer océane[8]. Communiqua-t-il à l'amiral espagnol les plans et le projet d'Aïer, comme on le fit plus tard croire à Moulay Zidân[9]? On peut en douter. Toujours est-il qu'il « ne sut ni n'osa entamer avec le Chérif la moindre négociation en vue d'obtenir la concession prévue[10] ».

Il est probable que Saint-Mandrier avait trop présumé de son pouvoir auprès de Moulay Zidân. Celui-ci d'ailleurs avait changé d'idée : il voulait maintenant se charger lui-même de l'exécution des travaux et assurer au Maroc seul le bénéfice qui devait résulter

1. V. *1re Série*, Pays-Bas, t. III, *Rapport de Van Gool*, 24 juillet 1624, et *infra*, p. 57.

2. V. *infra*, p. 51, *Lettre de St-Mandrier à Puisieux*, 20 février 1619.

3. V. *infra*, p. 100 et note 6. Il est appelé le « chevalier more » dans les *Instructions* à La Mole. V. *infra*, p. 55.

4. V. *infra*, p. 101 et note 2.

5. V. *infra*, pp. 55-58, les instructions données par M. de Montmort à La Mole.

6. V. *infra*, p. 117 et note 2.

7. V. *infra*, p. 101.

8. Il avait succédé en cette qualité à D. Luis Fajardo en 1617.

9. V. *1re Série*, Pays-Bas, t. III, *Rapport de Van Gool*, 24 juillet 1624.

10. V. *Ibidem*.

de l'ouverture du nouveau port. Il chargea Saint-Mandrier de lever le plan de la lagune[1] et le remit au capitaine hollandais Outger Claesz., avec une lettre où il demandait aux États-Généraux de lui envoyer des ouvriers habiles pour faire sauter à la mine le banc de rocher[2]. En décembre 1622, Albert Ruyl arrivait à Safi amenant sur son navire les carriers demandés par le Chérif[3]. Mais les Pallache, jaloux à la fois de Saint-Mandrier et de Ruyl, avaient su exciter la méfiance de Moulay Zidân et ameuter la tribu des Doukkala. C'est pourquoi on retint plus de sept mois le capitaine hollandais sans l'autoriser à se rendre à Merrakech et sans même envoyer les ouvriers à la lagune d'Aïer[4]. Lorsqu'en juin 1623 l'amiral des Provinces-Unies, L'Hermitte, vint croiser sur la côte, les Doukkala prirent ses vaisseaux pour la flotte espagnole venant débarquer à Aïer. L'alarme fut si grande que le Chérif dut se transporter sur les lieux. Sous l'influence des Pallache dénonçant Du Mas comme ayant livré à D. Fadrique de Tolède le plan d'Aïer, il fit arrêter l'envoyé français ainsi que le capitaine Saint-Mandrier. Celui-ci fut relâché en septembre, tandis que le pauvre Du Mas était encore gardé en prison pour ce motif en juillet 1624.

Le projet d'Aïer fut donc écarté. Par la suite, Moulay el-Oualid tenta de réaliser cette idée, mais il dut se contenter d'élever sur le bord de la lagune une kasba qui fut appelée de son nom El-Oualidya[5]. Aussi bien les Hollandais avaient reconnu la difficulté, sinon l'impossibilité, d'établir un bon mouillage en cet endroit et s'étaient désintéressés de la question. Moulay Zidân, convaincu de la nécessité d'avoir sur la côte atlantique un autre port que Safi, porta ses vues sur Azemmour, où un renégat hollandais, Morato, avait reconnu la possibilité d'en établir un en construisant une digue[6]. Les Espagnols, inquiets de ce second dessein, firent de nouvelles avances à Saint-Mandrier. Philippe III s'engageait à lui faire obtenir sa grâce et la restitution de ses biens, « chose qui fut traitée, dit Cespedes, avec le roi de France ». Mascarenhas devait rester en rela-

1. V. *1re Série*, Pays-Bas, t. III, *Rapport de Van Gool*, 24 juillet 1624.

2. V. *Ibidem*, à la date du 2 juillet 1621, *Lettre de Moulay Zidân aux États-Généraux*.

3. V. *Ibidem*, à la date décembre 1622, *Journal d'Albert Ruyl*.

4. V. *Ibidem*, à la date du 22 juillet 1624, *Résolution des États Généraux*.

5. V. *infra*, p. 55 et note 2.

6. Cf. Cespedes, *Historia de D. Felipe IV, rey de las Españas*, p. 413.

tion avec l'aventurier et favoriser sa fuite, le moment venu. Gagné par les promesses de l'Espagne, Saint-Mandrier amena le Chérif à renoncer au projet d'Azemmour. Le renégat Morato en conçut une grande fureur et dénonça Saint-Mandrier comme un espion de l'Espagne. Moulay Zidân, voulant surveiller lui-même son favori, se rendit à Azemmour, puis il alla camper à Megrous[1]. Saint-Mandrier, qui devait connaître le revirement du Chérif à son égard, était aux aguets, n'attendant qu'une occasion pour s'échapper.

Sur ces entrefaites, le chevalier de Razilly, envoyé auprès de Moulay Zidân pour négocier un traité d'alliance[2], vint mouiller à Safi (octobre 1624). Il fit prévenir Saint-Mandrier de son arrivée, le priant de lui obtenir un sauf-conduit pour descendre à terre. Moulay Zidân autorisa seulement le débarquement de deux personnes. Saint-Mandrier écrivit au Chevalier pour l'informer de cette condition, mais les Maures, hostiles au gentilhomme provençal et inquiets de la présence de trois navires français en rade, interceptèrent la lettre[3]. Razilly plein de confiance descendit à terre en brillant équipage. Il fut arrêté avec toute son escorte et amené à la mahalla du sultan. Moulay Zidân l'autorisa à rentrer en France pour chercher la rançon des captifs français[4].

Quant à Saint-Mandrier, il méditait toujours son projet de fuite. En 1625, il allait s'évader sur un navire français mouillé à Safi, quand il fut poursuivi et ramené au port[5]. Moulay Zidân le garda un an en prison et le fit décapiter le 14 avril 1626[6]. Son beau-frère Saint-Amour arrêté avec lui ne fut exécuté que le 25 juin[7].

Paul Le Bel. — Le 7 juillet 1609, les marchands chrétiens qui se trouvaient à Merrakech signèrent une attestation en faveur de l'agent hollandais Pieter Maertensz. Coy. On relève parmi les signatures celle de Paul Le Bel[8]. Ce négociant de Rouen était

1. Cf. Cespedes, p. 414; Da Cunha, p. 65.

2. V. *infra*, p. 102.

3. V. Cespedes, p. 506 et cf. *infra*, p. 106 et note 3.

4. Sur l'arrestation de Razilly et de ses compagnons en 1624, cf. *infra*, p. LXVII et pp. 107-110.

5. Cf. Cespedes, p. 506.

6. V. *infra*, *Histoire de la mission des PP. Capucins au Maroc*, p. 142.

7. V. *infra*, p. 142 et 143, note. Saint-Amour était venu au Maroc avec Razilly en 1624.

8. V. cette attestation *1re Série*, Pays-Bas, t. I, pp. 346-349.

venu au Maroc à une date qu'il n'a pas été possible de préciser. Il jouissait d'une certaine notoriété parmi les indigènes qui l'appelaient « Tadjer Paulo[1] ». Il quitta le Maroc au plus tard en 1612, date où le trafic avec les Français cessa dans ce pays à la suite de l'affaire Castelane[2].

En 1614, Moulay Zidân regrettant l'absence de ce marchand fit faire auprès de lui une démarche indirecte afin de le décider à rentrer au Maroc. Le caïd Ammar lui écrivit en conséquence « qu'il eust à revenir traitter et que la colère du Roy estoit appaisée[3] ». Paul Le Bel déféra au désir du Chérif, car sa présence est constatée au Maroc en 1615[4] par Thomas Le Gendre. Ce dernier, qui se rendit lui-même dans ce pays en 1618, devint l'ami de Paul Le Bel et en 1623, « quand celui-ci fit retraite[5] » il prit la suite de ses affaires.

JACQUES JANCART. — Ce Français se trouvait à Merrakech en 1616 et semble avoir été attaché à la personne de Moulay Zidân. Celui-ci, après la mort de Samuel Pallache, le chargea d'une mission spéciale dans les Pays-Bas : Jancart devait rechercher tout ce qui, dans la succession de ce Juif, devait faire retour au Chérif, tant dans les Provinces-Unies qu'en Angleterre. Cette mission amena enquête sur enquête et aboutit à un règlement de compte assez confus entre les États-Généraux et le Chérif, d'une part, et, d'autre part, entre celui-ci et les héritiers de Samuel Pallache[6].

JACQUES FABRE. — Originaire de Provence[7], il se serait, si l'on s'en rapporte à Thomas Le Gendre, présenté au chérif Moulay Zidân pour exercer la charge de consul de France au

1. *Tadjer Paulo*, « Marchand Paul ». Le qualificatif « tadjer » est employé au Maroc de préférence à celui de « nassarani » chrétien, pour désigner les Européens jouissant d'une certaine considération. V. *infra*, p. 726, *Relation de Thomas Le Gendre*.

2. V. *Ibidem*, p. 725.

3. V. *Ibidem*, p. 726.

4. V. *Ibidem*.

5. V. *Ibidem*.

6. Sur Jacques Jancart, V. *1re Série*, Pays-Bas, t. II, p. 720 et t. III, année 1617, *passim*.

7. V. *infra*, p. 706, *Relation de Thomas Le Gendre*.

Maroc[1]. Il faut très probablement entendre par là que Jacques Fabre fut choisi pour porter une des lettres envoyées par Louis XIII au Chérif de 1614 à 1616 afin de demander la mise en liberté des Français retenus en captivité depuis l'affaire Castelane[2]. On ne trouve en effet aucun document mentionnant Jacques Fabre comme consul. Le Gendre place en 1619 l'arrivée au Maroc de ce Provençal, mais cette date est manifestement fausse, car nous avons une trace authentique du séjour de Jacques Fabre à Merrakech remontant au 12 mars 1617, date à laquelle il signe une attestation dans laquelle il est qualifié de marchand[3]. Il sut s'insinuer dans la confiance du Chérif, qui l'employa à diverses missions, ainsi qu'il ressort des termes employés par Moulay Zidân pour le qualifier, « nuestro criado Xaques Fabre, mercader frances[4] ». Jacques Fabre était spécialement affecté, concurremment avec les Pallache, aux relations très suivies du Chérif avec les Pays-Bas. Moulay Zidân l'envoya auprès des États-Généraux en juin 1619, pour réclamer le payement de quatorze cents florins, somme avancée pour la mise en liberté de sept captifs hollandais que Moulay Zidân avait retirés des mains des Turcs[5]. Jacques Fabre devait également faire fondre, avec l'autorisation des États, des canons à l'arsenal de Rotterdam.

Sa mission n'alla pas sans difficultés. Comme les Pallache et les autres intermédiaires du Chérif, Jacques Fabre menait de front le règlement d'affaires personnelles assez embrouillées et celles de son royal mandant, cherchant à exploiter au profit de ses intérêts l'immunité que lui conféraient ses fonctions. Le 22 juin 1619, les États avaient décidé en principe de rembourser à Moulay Zidân les quatorze cents florins qu'il demandait et de lui écrire pour le remercier de ses dispositions bienveillantes[6]. Mais, sur ces entrefaites, un

1. V. *infra*, p. 706, *Relation de Thomas Le Gendre*.

2. Sur les lettres écrites par Louis XIII à Moulay Zidân de 1614 à 1616, V. *infra*, p. LII, note 4.

3. A cette date, les marchands européens de Merrakech certifient la signature du caïd Chalil (Khalil) qui avait traduit en espagnol une lettre du Chérif aux États-Généraux du 21 février 1617. V. *1re Série*, Pays-Bas, t. III, à cette dernière date.

4. Cf. *1re Série*, Pays-Bas, t. III, *Lettre de Moulay Zidân aux États-Généraux*, 21 novembre 1619. Traduction espagnole contemporaine.

5. Cf. *Ibidem*, à la date du 22 juin 1619, *Résolution des États-Généraux*.

6. V. *Ibidem*.

procès privé fut intenté à Jacques Fabre par un autre marchand français, Pierre Barbier, procès qui amena l'arrestation de l'agent chérifien et la saisie de ses biens[1]. Les États crurent bien faire de surseoir au payement de la somme qu'ils devaient verser entre les mains de Jacques Fabre pour le compte du Chérif. Moulay Zidân, ayant reçu à ce sujet des informations tendancieuses, se plaignit aux États du mauvais accueil fait à son agent et des entraves apportées à sa mission[2]. Ceux-ci, dans une lettre adressée au Chérif le 22 mars 1620, protestèrent contre les calomnies répandues sur leur compte, rappelant que Jacques Fabre, dès son arrivée, avait été autorisé à faire fondre des canons[3]. Néanmoins, le 2 mai 1620, pour terminer cette affaire au contentement du Chérif, ils décidèrent, malgré les objections de l'amirauté de Rotterdam, d'effectuer le payement des quatorze cents florins entre les mains de Jacques Fabre.

Ce dernier, à la suite de cet arrangement, dut retourner au Maroc avec les canons qu'il avait fait fondre pour Moulay Zidân. Il emmenait avec lui le peintre Justus Stuyling, qui devait exécuter certains travaux dans le palais de Merrakech. Quatre ans après, lors du voyage de Albert Ruyl, l'ambassadeur hollandais, ce peintre se trouvait encore au Maroc, d'où le Chérif ne voulait pas le laisser partir[4]. Quant à Jacques Fabres, on le trouve en 1623 en compagnie du capitaine Saint-Mandrier, de Matheus Preston, de Justus Stuyling, de Du Galion et des autres chrétiens qui fréquentaient au makhzen. En quittant Merrakech, le 14 novembre 1623, Albert Ruyl alla les saluer à la mahalla du Chérif campée à proximité de la ville[5].

Robert de Boniface de Cabanes. — Il appartenait à une illustre famille de Provence, qui s'était partagée en deux branches, celle de

1. Cf. *Ibidem*, à la date du 21 février 1620, *Lettre de Jacques Fabre aux États-Généraux*, et à la date du 22 mars 1620, *Lettre des États-Généraux à Moulay Zidân*.

2. Cf. *Ibidem*, à la date du 21 novembre 1619, *Lettre de Moulay Zidân aux États-Généraux*.

3. V. *Ibidem*, à la date du 2 mai 1620, *Résolution des États-Généraux*.

4. Cf. *Ibidem*, à la date du 15 novembre 1624, *Requête de A. Ruyl aux États-Généraux*.

5. Cf. *Ibidem*, à la date du 14 novembre 1623, *Journal d'Albert Ruyl*.

La Mole et celle de Cabanes[1]. On trouve à l'époque qui nous occupe un Jean Boniface, seigneur de Cabanes, qui fut consul de Marseille en 1622-1623[2]. Robert de Boniface naquit vers 1579[3]. Ce fut très vraisemblablement à la fin de 1616[4] que la Cour de France l'envoya en mission au Maroc.

Les relations de la France avec ce pays étaient alors très tendues par suite de l'affaire Castelane. L'Espagne, ne voulant rien restituer à Moulay Zidân, nous plaçait dans une situation très fausse. C'est pourquoi n'ayant aucune satisfaction à offrir au Chérif, Louis XIII avait préféré ne pas accueillir en 1612-1613 Ahmed el-Guezouli, l'ambassadeur marocain, qui, venu à La Haye, sollicitait un sauf-conduit pour se rendre à la cour de France[5]. C'était sur les malheureux captifs français que retombait le poids du ressentiment du Chérif; celui-ci ne voulait se prêter à aucune proposition de rachat, tant que le roi de France ne serait pas arrivé à lui faire restituer sa bibliothèque et ses « hardes ».

Les choses en étaient là, quand, après plusieurs autres démarches infructueuses, Robert de Boniface fut choisi pour aller au Maroc, avec la charge « de negocier le rachat des captifs français[6] ». Le Roi lui remit deux lettres, l'une pour Moulay Zidân, l'autre destinée au capitaine Saint-Mandrier, l'homme de confiance du Chérif. Il partit de Marseille, accompagné de son fils Pierre, âgé de 14 ans. Mais, attaqués par des pirates turcs[7] à la hauteur de Carthagène, il fut obligé, ainsi que l'équipage, de se jeter à la côte, abandonnant le navire. Les Espagnols retinrent Robert de Boniface, qui eut à faire de longues démarches pour être autorisé à conti-

1. Sur cette famille cf. ROBERT DE BRIANÇON, *Etat de la Provence*, t. I, pp. 413, 414; GAUFRIDI, *Hist. de la Provence*, t. II, p. 602.

2. V. *Arch. communales de Marseille*, *Reg. des délibérations*, années 1622-1623, *passim*.

3. Il avait 38 ans en 1617, V. *infra*, p. LII, note 2.

4. Cette date conjecturale est assez vraisemblable, car on verra que Boniface, après avoir été attaqué par des pirates turcs et s'être réfugié sur les côtes d'Espagne, dut, pour continuer son voyage, solliciter un passeport qu'il obtint le 12 mars 1617, après de longues démarches.

5. Sur cet envoyé du Chérif qui n'obtint pas de sauf-conduit pour venir en France accomplir sa mission et qui demeura aux Pays-Bas, V. 1re *Série*, Pays-Bas, t. II, pp 142, 733 et 737; France, t. II, p. 580 et note 4.

6. V. 1re *Série*, Espagne, à la date du 12 mars 1617 *Lettre de Philippe III à Ciriça*.

7. V. 1re *Série*, Espagne, *Ibidem*.

nuer son voyage ; M. de Senecey, l'ambassadeur de France à Madrid, dut s'entremettre[1] : il exposa le but de la mission de Robert de Boniface et obtint enfin, le 12 mars 1617, une patente du roi d'Espagne permettant à l'agent français de s'embarquer pour le Maroc avec une suite de cinq ou six personnes, sous réserve de se conformer aux règlements en usage[2].

Le 20 avril 1617, Robert de Boniface s'embarqua à Cadix sur la tartane « Santa Maria Buenaventura », qui partait pour Mazagan[3]. De ce port, il s'achemina sur le Draa, où était campée la mahalla chérifienne, et remit au capitaine Saint-Mandrier les deux lettres royales dont il était porteur. Moulay Zidân, après avoir fait « fere l'explicassion par son trochuman » de la lettre que lui adressait Louis XIII, ne voulut pas se départir de l'attitude qu'il avait adoptée. En conséquence Saint-Mandrier fit savoir à Boniface que le Chérif avait déjà fait réponse à de semblables lettres venues de France[4], que le Roi était obligé « de luy tirer reson et fere rendre ce qu'il avoit refugié entre les meyns de Castellane[5] » qu'il persistait à considérer comme un ambassadeur de la cour de France.

Robert de Boniface suivit la mahalla chérifienne et rentra avec elle à Merrakech. A son départ de cette ville, Saint-Mandrier lui remit une lettre pour le Roi datée du 1er janvier 1618, dans laquelle il l'informait du résultat négatif de la mission, en ce qui concernait les cent vingts captifs français détenus à Merrakech. On ne sait pour quelle raison, l'envoyé de Louis XIII ne rentra pas immédiatement en France avec ce message. Toujours est-il qu'on le trouve à Sainte-Croix (Agadir) à la fin de 1618 ou au commencement de 1619. Il y fait la connaissance d'un aventurier d'origine

1. V. *1re Série*, Espagne, à la date du 12 mars 1617.

2. V. *1re Série*, Espagne, à la date du 12 mars 1617, *Passeport de Robert de Boniface*. Le signalement de ce dernier porte : « 38 ans, de haute taille, cicatrices à la main droite et à l'oreille gauche. »

3. V. *1re Série*, Espagne, le procès-verbal dressé à Cadix le 20 avril 1617 par le capitaine Diego d'Escobar.

4. Louis XIII avait écrit en 1614 à Moulay Zidân qui lui avait répondu en même temps qu'aux États-Généraux le 14 janvier 1615. Cf. *1re Série*, Pays-Bas, t. II, p. 464. John Harrison avait remis la missive chérifienne à la cour de France en mai 1615. Cf. *Ibidem*, p. 572, *Lettre de Louis XIII aux États-Généraux*, 5 juin 1615. A une seconde lettre écrite par Louis XIII au Chérif en juin 1615 (V. *1re Série*, France, t. II, p. 579, note 1), celui-ci avait répondu le 24 mars 1616. V. Ibidem, p. 600.

5. V. *infra*, p. 14. *Lettre de Saint-Mandrier à Louis XIII*, 15 juin 1617.

française nommé Charles Reinaut. Celui-ci, à la suite de quelque négociation louche, était arrivé à décider le caïd de Sainte-Croix à livrer à Philippe III cette ville ainsi que celle de Mogador. Le caïd demandait seulement au roi d'Espagne de le prendre sous sa protection[1], mais il est permis de croire qu'il escomptait aussi en argent le prix de sa trahison. Reinaut, voulant faire passer à la cour d'Espagne la proposition du caïd de Sainte-Croix, eut l'idée de la confier à Robert de Boniface. « Je lui ai communiqué mon afere, écrit-il à Philippe III, et overt les moïens qu'il i a en ses païs de vous servir, vous supliant, Sire, vouloir croire se qu'il vous dira de ma part[2] ».

Dès son arrivée en Espagne, Robert de Boniface fit part des ouvertures du caïd de Sainte-Croix à D. Pedro de Tolède, marquis de Villafranca. Celui-ci, en rendant compte de l'affaire à Philippe III, le 16 avril 1619, demandait qu'on prît l'avis du duc de Medina-Sidonia, capitaine général de l'Andalousie, sur l'occupation éventuelle des deux ports marocains ; il ajoutait que Robert de Boniface se trouvait dans une grande détresse et qu'il allait lui faire donner 200 ducats pour son entretien[3]. Philippe III saisit de la question Medina-Sidonia et D. Fadrique de Tolède, amiral de la flotte de la mer Océane. D'après la réponse de ce dernier, datée du 5 juillet 1619, le place de Sainte-Croix, vu son éloignement, était de faible importance. Quant à la ville de Mogador, plus rapprochée des côtes d'Espagne, elle était plus facile à défendre. L'amiral émettait des doutes sur les avantages de l'occupation de deux nouvelles « fronteras », alors qu'on avait de la peine à secourir celles qui existaient déjà[4]. Le duc de Medina-Sidonia, de son côté, adressa à Philippe III, le 8 juillet 1619, des conclusions dans le même sens[5]. Malgré ces avis défavorables, une consulte du Conseil d'Etat du 22 juillet 1619 déclara l'affaire de « mucha consideracion » et proposa d'envoyer

1. V. *1re Série*, Espagne, à la date du 16 avril 1619, *Lettre de D. Pedro de Toledo à Philippe III*.

2. V. *1re Série*, Espagne, *Lettre de Charles Reinaut à Philippe III*, à la date du 27 janvier 1619.

3. V. *1re Série*, Espagne, *Lettre de D. Pedro de Toledo à Philippe III*, déjà citée.

4. V. *1re Série*, Espagne, *Lettre de D. Fadrique de Toledo à Philippe III*, à la date du 6 juillet 1619.

5. V. *1re Série*, Espagne, *Lettre de Medina-Sidonia à Philippe III*, à la date du 8 juillet 1619.

deux barques avec un ingénieur et un pilote pour reconnaître les deux places[1]. Néanmoins les choses n'allèrent pas plus avant.

Quant à Robert de Boniface, il fut sans doute rapatrié par le gouvernement espagnol et put remettre à Louis XIII la lettre que Saint-Mandrier lui avait confiée.

Claude Du Mas. — Le sieur Claude Du Mas[2], provençal[3], paraît pour la première fois au Maroc en janvier 1619, date où il arriva à Safi[4] sur le vaisseau commandé par le chevalier de Razilly[5]. Qualifié d'ambassadeur dans les rapports de Francisco Diaz Faleiro[6], agent du gouverneur de Mazagan, il était en réalité chargé d'une mission temporaire qui, de même que celle de Boniface de Cabanes venu avant lui, avait pour objet la libération des Français détenus en captivité[7]. Mais Moulay Zidân, malgré la situation précaire dans laquelle il se trouvait alors, assiégé dans Safi par Yahia ben Abdallah[8], persista à réclamer satisfaction pour l'affaire Castelane avant d'entamer une négociation quelconque. Ses prétentions étaient à la vérité diminuées et ce qu'il demandait, écrivait Saint-Mandrier, « ce peult reduire à peult de chose à present[9] ». Le Chérif décida d'envoyer porter ses conditions à Louis XIII par le caïd Sidi Farès[10], qui devait demander l'envoi au Maroc de François de

1. V. *1re Série*, Espagne, *Consulte du Conseil d'État*, à la date du 22 juillet 1619.

2. Il est appelé Du Mestet dans l'*Histoire de la mission des PP. capucins au Maroc* (V. *infra*, p. 101 et note 4), et Daumas dans la *Relation de Thomas Le Gendre* (V. *infra*, p. 706).

3. Sur sa qualité de provençal, V. *infra*, pp. 101 et 706.

4. V. *infra*, p. 26 et note 3.

5. V. *Ibidem*. Razilly, il est vrai, n'est pas nommé par Francisco Dias Faleiro, mais la comparaison du passage du rapport de celui-ci avec le récit du P. François d'Angers (V. *infra*, p. 100) prouve qu'il s'agit bien du Chevalier. Le fait que Claude Du Mas était bien « l'ambassadeur » et non pas Razilly est prouvé par la lettre de St Mandrier du 20 février 1619 (V. *infra*, pp. 51-52).

6. « Hum embaixador », V. *infra*, p. 26. Van Gool [Golius], dans son rapport, l'appelle un commissaire « commys ». V. *1re Série*, Pays-Bas, t. III, 24 juillet 1624.

7. Cf. *infra*, p. 51. « Il avait été chargé par la cour de France du rachat de quelques capitaines marseillais de bonne famille captifs au Maroc ». V. *1re Série*, Pays-Bas, t. III, *Rapport de Van Gool*, 24 juillet 1624.

8. Sur ces événements, V. *infra*, Doc. IX et Sommaire, p. 20.

9. V. *infra*, *Lettre de St Mandrier à Louis XIII*, 20 février 1619, pp. 51-52.

10. Il est qualifié tantôt « gentilhomme more » (V. *infra*, p. 100), tantôt « chevalier more » (V. *infra*, p. 55). Son véritable nom Sidi Farès est donné avec une déformation insignifiante par le P. François d'Angers (V. *infra*, p. 106), et par la *Relation de Thomas Le Gendre*, V. *infra*, p. 732.

Razilly, frère aîné du Chevalier, « avec memoires et pouvoirs necessaires, afin d'aviser aux conditions raisonnables d'une bonne union et la rendre solide[1] ».

La mission officielle de Claude Du Mas n'avait pas, comme on le voit, donné de grands résultats. Mais, pendant sa courte durée, l'envoyé français était entré en rapports avec Saint-Mandrier, provençal comme lui, qui l'avait initié au projet d'ouverture et d'exploitation d'un port à Aïer. Saint-Mandrier avait vanté les grands avantages et bénéfices qu'on pourrait tirer du dit port, pour la pêche du corail, l'extraction du sel, etc., il prétendait que, moyennant une légère redevance d'argent, il serait facile d'obtenir de Sa Majesté du Maroc la concession de cet endroit pour quelques années[2]. Claude Du Mas dut quitter le Maroc le 20 février 1619[3] ou peu après.

La cour de France, comme on l'a vu, était dans une situation fort embarrassante pour donner satisfaction au Chérif au sujet de l'affaire Castelane, et désirait avant tout esquiver les pourparlers avec « le chevalier more », de même que précédemment elle avait évité d'en avoir avec Ahmed el Guezouli. Claude Du Mas, qui, de son côté, tenait à retourner au Maroc, fit tant et si bien que Sidi Farès ne put parvenir jusqu'au Roi. « On le retint quatre moys enfermé dans la maison[4], de l'advertissement de Sa Majesté, sans qu'il eust moyen de sortir du tout[5] ». Il réussit ainsi à faire écarter François de Razilly et obtint d'être renvoyé au Maroc pour conclure le traité d'alliance, sans qu'on eût aucun égard « aux protestations de l'agent du roy de Maroque, qui resista avec tous les efforts possibles à la nomination...., asseurant qu'il n'y auroit pas de sécurité pour

1. V. *infra*, p. 101.

2. V. *1re Série*, Pays-Bas, t. III, *Rapport de Van Gool*, 24 juillet 1624. C'est à Du Mas, revenu à Paris, que Van Gool attribue ces discours sur les avantages du port d'Aïer. Mais il est évident que l'agent français ne faisait que reproduire les idées de St Mandrier, qui était le véritable auteur du projet. Cela peut se déduire, entre autres preuves, d'un passage des *Instructions à La Mole*, où il est dit : « S'il est ainsy que ledict sr de St Mandrier aye le don des susdits ports et places, il en fera la remise entière à ladicte compagnie ». V. *infra*, p. 57.

3. C'est la date à laquelle Saint Mandrier, dans une lettre à Puisieux, annonce le départ de Claude Du Mas pour rentrer en France, V. *infra*, pp. 51-52.

4. Il n'a pas été possible de déterminer dans quel lieu Sidi Farès avait subi cette sorte d'arrêt.

5. V. *infra*, *Mémoire de Razilly*, p. 117 et note 2.

lui [Claude Du Mas], n'estant pas agreable au Roy son maistre, qui, l'ayant veu dans ses côtes et ses païs avec deplaisir, il ne lui en permettroit jamais l'aproche[1] ». Cependant Du Mas avait réussi à fonder, avec l'appui de M. de Montmort, un des gros financiers de l'époque, une compagnie en vue de l'exploitation du port d'Aïer. Le s^r de La Mole paraît avoir été l'un des principaux « intéressés » de la nouvelle société.

Ayant donc reçu instruction d'aller s'embarquer à Marseille[2] avec le s^r de La Mole et le « gentilhomme more », Claude Du Mas repartit pour le Maroc, probablement dès la même année 1619[3]. Ayant fait escale à Cadix, il y eut une entrevue avec D. Fadrique de Tolède, qui commandait la flotte de la mer Océane. Lui communiqua-t-il les plans et le projet du port d'Aïer ? On peut en douter, mais cette accusation fut plus tard fatale à l'agent français[4].

Quoi qu'il en soit, Claude du Mas, à son arrivée au Maroc, n'y trouva pas le terrain favorable à ses projets. Il fut si mal accueilli par Moulay Zidân, irrité de l'éloignement dans lequel son envoyé Sidi Farès avait été tenu en France, qu'il « ne sut ni n'osa entamer avec le Chérif la moindre négociation en vue d'obtenir la concession d'Aïer[5] ». Moulay Zidân avait d'ailleurs changé d'avis et projetait de faire ouvrir le port pour son compte par les Hollandais[6]. Claude Du Mas, malgré sa très grande défaveur, resta cependant au Maroc avec le titre de consul[7]. Il fit construire à Safi une chapelle, mais ne put arriver à la conclusion d'un traité d'alliance. Il ne semble pas qu'il se soit occupé avec beaucoup de zèle de la libération des captifs français, car ceux-ci, dans une requête, en date de Merrakech, 4 décembre 1622, demandaient à Louis XIII de « vouloir expédier quelque personne califiée plus vigilant et

1. V. *infra, Hist. de la mission des PP. capucins au Maroc*, p. 101.

2. V. *infra, Instructions pour La Mole*, p. 55.

3. On sait par le *Mémoire de Van Gool* que le séjour de Claude Du Mas en France fut de courte durée (V. *1re Série*, Pays-Bas, t. III, 24 juillet 1624). L'assertion de Van Gool est confirmée par le fait que Sidi Farès, qui repartit avec Du Mas, avait été tenu « en la maison » pendant quatre mois seulement.

4. V. *infra*, p. LVII.

5. V. *1re Série*, Pays-Bas, t. III, *Rapport de Van Gool*, 24 juillet 1624.

6. V. *supra*, pp. XLV-XLVI.

7. Sur le titre de consul donné à Claude Du Mas V. *infra*, p. 105, *Histoire de la mission des PP. capucins au Maroc* et p. 708, *Relation de Thomas Le Gendre*.

mieux vercée à la poursuitte de ceste affaire que n'est le s[r] Claude Du Mas, qui de tout temps l'a negligée [1] ».

Une circonstance porta à son comble le mécontentement du Chérif contre cet agent. On a vu plus haut [2] que le bruit avait couru au Maroc en juin 1623 que les Espagnols envoyaient une flotte débarquer à Aïer. Les Pallache, jaloux des agents chrétiens, dénoncèrent Du Mas comme ayant livré à D. Fadrique de Tolède le plan d'établissement d'un port à Aïer. Moulay Zidân saisit cette occasion pour faire arrêter le consul français [3], ainsi que Saint-Mandrier. Celui-ci fut, il est vrai, relâché en septembre, mais Claude Du Mas, objet de la haine de Moulay Zidân, « demeura prisonnier, mis aux fers, et est mort miserable dans cette captivité honteuse et penible [4] ».

Nous n'avons pas de renseignement direct sur la date de sa mort. En juillet 1624 il était encore en prison [5] et d'autre part en octobre 1624, lors du voyage de Razilly à Safi, il n'est plus fait mention de lui [6], bien qu'il soit parlé de sa chapelle consulaire. Tout porte donc à croire qu'il était mort avant cette date. Ajoutons qu'on ne trouve plus dans la suite aucune mention de sa personne.

François de Boniface, sieur de La Mole. — Ce personnage était issu de la même famille provençale [7] à laquelle appartenait Robert de Boniface de Cabanes. Reçu chevalier de Malte en 1585, il fut nommé commandeur de Puymoisson le 11 février 1592. Les intéressés de la Compagnie Montmort fondée pour la création et l'exploitation du port d'Aïer le choisirent comme agent en 1619 et le chargèrent de se rendre au Maroc pour traiter avec le Chérif la question de leur monopole [8]. Le sieur de La Mole devait partir de Marseille en même temps que Claude Du Mas et Sidi Farès « le

1. V. *infra*, p. 88.
2. V. *supra*, p. XLVI.
3. V. 1re *Série*, Pays-Bas, t. III.
4. V. *infra*, p. 102.
5. V. 1re *Série*, Pays-Bas, t. III,
6. Le P. François d'Angers dit que la mort de Claude Du Mas fit avorter le dessein du traité d'alliance avec le Maroc (V. *infra*, p. 102), projet qui fut repris par Razilly. On peut inférer de ce passage que la mort de Du Mas est antérieure à l'arrivée du Chevalier à Safi, qui eut lieu le 3 octobre 1624 (V. *infra*, p. 105).
7. Cf. Bibl. Nat. *Cabinet des Titres, Pièces originales, Vol. 404, cote 9032; Vol. 1983, cote 4549; Vol. 1985, cote 45560* et Arch. départ. Bouches-du-Rhône, *Ordre de Malte*.
8. V. *infra*, pp. 54-58 *Instructions pour La Mole*.

chevalier more ». Aucun document ne faisant mention de sa présence au Maroc, et d'autre part le projet de concession du port d'Aïer ayant complètement échoué, il est permis de supposer que la mission du sieur de La Mole ne reçut pas d'exécution.

Paul Imbert. — Originaire de Saint-Gilles-sur-Vie (Vendée)[1], il était capitaine de navire, quand il fut pris et emmené en captivité au Maroc, où il devint la propriété du pacha Ammar el-Feta[2], renégat portugais, qui avait pris part à la conquête du Soudan sous le pacha Djouder (1590-1591) et qui depuis avait exercé des commandements dans cette région. Lors d'un voyage qu'il fit au Soudan en 1618, Ammar emmena avec lui son esclave[3], auquel il était très attaché. Paul Imbert traversa le Sahara du nord au sud et arriva à Tombouctou, où la mahalla marocaine fit son entrée solennelle, le 27 mars 1618. Il repartit pour Merrakech avec son maître, faisant ainsi une seconde fois la traversée du Sahara. Ces voyages avaient laissé une grande impression à Paul Imbert « lequel, raconte Thomas Le Gendre, nous faisoit souvent recit de son voyage de Tombouctou comme d'un voyage de grande fatigue et de grande consequence[4] ». Il n'est pas douteux que les renseignements que Thomas Le Gendre nous donne sur la route de Merrakech à Tombouctou[5] ne proviennent de cette source.

La captivité de Paul Imbert se prolongea, et on le retrouve dix ans après exposé aux cruautés de Moulay Abd el-Malek, le successeur de Moulay Zidân. Le 2 mars 1628, ce chérif sanguinaire, après avoir fait périr le père Juan del Corral et cruellement martyrisé le frère Pierre Morel, voulut contraindre Paul Imbert à se faire musulman, mais celui-ci, donnant un bel exemple de constance, « resta ferme en sa creance, quoy qu'il receut trois coups d'épée[6] ».

A la fin de septembre 1630, Paul Imbert était encore à Merra-

1. V. *infra*, p. 168, *Hist. de la mission des PP. capucins au Maroc*.

2. Sur ce caïd devenu le pacha Ammar el-Feta, Cf. Es-Sadi, *Tarikh es-Soudan*, Traduction Houdas, à l'Index. — C'était, d'après Thomas Le Gendre, un « eunuque blanc de nation portugaise, fort bon et honneste homme ». V. *infra* p. 708, *Relation de Thomas Le Gendre*.

3. V. *Ibidem*.

4. V. *Ibidem*.

5. V. *Ibidem*, pp. 708-709.

6. V. *infra*, p. 168, *Hist. de la mission des PP. capucins au Maroc*.

kech, et c'est lui qui, avec un de ses compagnons d'esclavage nommé Guiton, écrivit au chevalier de Razilly venu à Safi pour ramener les captifs français, afin de le mettre en garde contre la mauvaise foi du Chérif[1].

LES LE GENDRE. — Les Le Gendre étaient une riche famille protestante, qui eut dans le commerce de Rouen aux XVIe et XVIIe siècles une place prépondérante. Leur maison était sise rue St Etienne des Tonneliers[2]. Ils commencèrent par être marchands toiliers[3], mais leurs affaires ayant prospéré, ils devinrent armateurs et portèrent leur trafic dans des contrées lointaines. On les trouve en 1638[4] associés à la maison Rozée de Rouen, qui, depuis 1633[5], avait le monopole du commerce du Sénégal. Les deux représentants de cette famille que l'on rencontre au Maroc au XVIIe siècle sont Thomas et Jean-Baptiste.

THOMAS LE GENDRE. — Né en 1602[6], il fut envoyé fort jeune au Maroc par ses parents, qui désiraient établir des relations commerciales avec ce pays. Son frère aîné Jean-Baptiste dut l'accompagner[7]. Un synchronisme fournit une indication sur la date de l'arrivée de Thomas Le Gendre au Maroc : il s'y trouvait, nous dit-il[8], au moment où le pacha Ammar partit pour le Soudan avec une caravane : or ce dernier fit son entrée solennelle à Tombouctou le 28 mars 1618[9]. Il est probable que Thomas Le Gendre résida à Safi, comme les autres marchands chrétiens qui avaient quitté Merrakech pour éviter les vexations auxquelles ils étaient exposés à la suite de l'affaire Castelane. L'un d'eux, Paul Le Bel (Tadjer Paulo), qui était comme lui de Rouen, devint son « intime amy » et

1. V. *infra*, p. 324, *Relation dite de Jean Armand Mustapha*.

2. Cf. *Bulletin de la Société du protestantisme français*, t. XXXVI, pp. 131-132.

3. Cf. Bibl. Société Hist. du Protestantisme français, *Ms. Registre des inhumations faites à Rouen, Quevilly et Saint-Sever*, au nom : Le Gendre.

4. V. *infra*, Doc. XCVI, p. 552.

5. V. *infra*, p. 711, note 2.

6. V. ÉMILE LESENS, Notice placée en tête de la réimpression de l'*Histoire de la persécution faite à l'Eglise de Rouen*... par Philippe Le Gendre.

7. V. *infra*, p. LXIII, *Notice sur Jean-Baptiste Le Gendre*.

8. V. *infra*, p. 708, *Relation de Thomas Le Gendre*.

9. Cf. ES-SADI, *Tarikh es-Soudan*, Traduction HOUDAS, pp. 339-340.

Thomas Le Gendre, âgé de 21 ans, prit la succession de ses affaires au Maroc, quand celui-ci se retira en 1623[1].

Malgré leur installation à Safi, les marchands chrétiens devaient de loin en loin aller à Merrakech pour les besoins de leur commerce; ils accomplissaient ces voyages, soit en se joignant à des caravanes indigènes (cafiles), soit en se mettant sous la sauvegarde d'un marabout. Thomas Le Gendre usa en 1624 de ces deux modes de protection. « J'ay esté à Maroc [Merrakech], écrit-il, par cafile et j'en revins avec un marabout[2] ». Ce détail est confirmé et précisé par l'agent hollandais Albert Ruyl, qui note dans son journal, à la date du 6 février 1624, l'arrivée à Safi de Le Gendre, escorté seulement d'un marabout nommé « Sidi el-Hayts »[3].

Deux mois après (avril 1624), Moulay Zidân qui, malgré son ressentiment contre les marchands français, avait parfois recours à leurs services, fit demander le navire de Thomas Le Gendre pour transporter du grain de Safi à Sainte-Croix (Agadir)[4].

En octobre 1624 arrivait à Safi le chevalier de Razilly avec ses trois vaisseaux. On sait à la suite de quel guet-apens le Chérif le fit arrêter avec toute son escorte et les PP. capucins que le P. Joseph envoyait au Maroc pour fonder une mission[5]. Moulay Zidân, qui escomptait une importante rançon, consentit au mois de novembre à laisser le Chevalier retourner en France. Il l'autorisa à emmener avec lui l'un des capucins de la mission, à la condition que Thomas Le Gendre et les autres marchands français se porteraient caution du retour de ce Père dans un délai de six mois. Ceux-ci s'engagèrent à payer six cents ducats d'or, si cette clause n'était pas exécutée. Les six mois étaient à expiration en mai 1625. On verra les raisons qui obligèrent Razilly, retenu « malgré lui » au siège de La Rochelle, à différer son retour au Maroc[6]. Il n'était pas encore revenu à la fin de 1625. La situation de Thomas Le Gendre et des autres commissionnaires français devenant précaire, ceux-ci réso-

1. V. *infra*, p. 726, *Relation de Thomas Le Gendre*.

2. V. *Ibidem*, p. 718.

3. V. *1re Série*, Pays-Bas, t. III, *Journal d'Albert Ruyl*, à la date du 6 février 1624.

4. V. *Ibidem*, aux dates des 23 et 25 avril 1624.

5. Sur ces événements, V. *infra*, pp. 107-111, *Histoire de la mission des PP. capucins au Maroc*, et, pp. 733-734 *Relation de Thomas Le Gendre*.

6. V. *infra*, p. LXVIII.

lurent de quitter le Maroc et de rentrer en France pour rendre leurs comptes à leurs commettants. C'est pourquoi, voulant se dégager préalablement de leur caution, ils demandèrent au Chérif, qui y consentit, d'accepter les six cents ducats d'or et de leur accorder leur congé. Par la suite, le P. Joseph fit rendre cette somme à Le Gendre et aux autres marchands par son frère Charles Du Tremblay, gouverneur de la Bastille. L'exemple des négociants français fut d'ailleurs suivi par les trafiquants des autres nations, et, en 1626, nous apprend le P. François d'Angers, il ne restait plus à Safi qu'un seul marchand, un anglais[1].

Thomas Le Gendre, qui limite lui-même à sept années[2] la durée de son séjour au Maroc, ne dut pas y retourner après 1625. Toutefois il faut noter que son frère Jean-Baptiste s'y trouvait en 1638 et 1639, et il est très probable que les affaires commerciales de leur maison avec le Maroc se prolongèrent bien au delà de cette dernière date. Outre leur trafic, les deux frères Le Gendre s'employaient activement au rachat de leurs compatriotes prisonniers au Maroc. Un acte notarié du 2 novembre 1624 nous fait savoir que Thomas Blanvillain, s^r^ de La Forière, agissant au nom et comme caution de plusieurs habitants de Honfleur, « avait requis et prié honneste homme Lucas Le Gendre, marchand demeurant à Rouen..., d'escripre et donner ordre à Jean-Baptiste et Thomas Le Gendre, ses fils, de present en Barbarye » de négocier le rachat de quatre de leurs parents retenus en captivité au Maroc. Les rançons garanties par le s^r^ Blanvillain étaient : de 400 livres pour le rachat de Nicolas Aubert, de 300 livres pour Forrey, de 200 livres pour Jean Liebert et de pareille somme pour Jean Gibon[3].

En 1665, Thomas Le Gendre, à la demande d'une personne désireuse d'obtenir des renseignements sur le Maroc, rédigea, avec ses notes et de souvenir, une relation fort intéressante et peut-être la plus documentée que nous ayons sur le Maroc au XVIIe siècle. Elle fut imprimée sous le titre : *Lettre escritte en response de diverses questions curieuses sur les parties de l'Afrique où regne aujourd'hui*

1. V. *infra*, p. 146, *Hist. de la mission des PP. capucins au Maroc.*
2. V. *infra*, p. 714, *Relation de Thomas Le Gendre.*
3. Cf. Étude de Maître Paul Bréard à Honfleur, *Minutes*, année 1624, f. 78.

*Muley Arxid, roy de Tafilete. — Par Monsieur**** qui a demeuré 25. ans dans la Mauritanie.* Cette relation parut, comme on le voit, sans nom d'auteur, mais les circonstances du récit ont permis d'établir de la façon la plus certaine qu'elle devait être attribuée à Thomas Le Gendre[1]. Le libraire-éditeur doit être seul rendu responsable de certaines mentions qui figurent dans le titre et qui seraient en contradiction avec ce que nous savons de la vie de Thomas Le Gendre. Pour donner plus de crédit à la *Lettre escritte*, il aura fait résider l'auteur anonyme au Maroc pendant vingt-cinq ans. Enfin l'addition *où regne aujourd'hui Muley Arxid* était destinée à donner de l'actualité à une relation qui se rapporte surtout au règne de Moulay Zidân et des derniers chérifs saadiens.

Thomas Le Gendre mourut, le 27 décembre 1682, à l'âge de quatre-vingts ans[2]. Il avait eu, de son mariage avec Françoise de Saint-Léger, qu'il avait épousée en 1634, douze enfants. Celui qui lui succéda à la tête de la maison de commerce fut le troisième, né en 1639 et appelé Thomas le Jeune pour le distinguer de son père. Il dut abjurer le protestantisme, lors de la révocation de l'édit de Nantes, car il obtint de Louis XIV des lettres de noblesse enregistrées à Rouen en la grand'chambre du Parlement le 9 juin 1685. Il ajouta à son nom le titre de sieur de Collandres, fief situé près de Beaumont-le-Roger. Sa fortune s'élevait à quatre ou cinq millions, et le nombre de ses correspondants était considérable. En 1707, il acheta de Marie-Anne-Henriette d'Epinay Saint-Luc les terres de Gaillefontaine, Beaussault et Bézancourt, moyennant la somme de 408 000 livres. Il devint aussi seigneur de Romilly, d'Alge, d'Elbœuf et de Maigremont.

Ni son frère Philippe, le pasteur, ni ses enfants Guillaume et Thomas ne le suivirent dans la voie de l'abjuration. Philippe fut condamné au bannissement par le parlement de Rouen et se retira à Rotterdam, où il exerça son ministère. On lui doit une *Histoire de la persécution faite à l'église de Rouen*. Quant à Guillaume et à Thomas, ils avaient respectivement quatorze ans et treize ans, lors de la révocation de l'édit de Nantes. Retirés à Rotterdam avec leur

1. V. *infra*, Note bibliographique sur la relation de Thomas Le Gendre, p. 697.

2. Pour tous les renseignements qui suivent, V. Emile Lesens, *op. cit.*

oncle, ils obtinrent, le 6 décembre 1686, une décision du Magistrat de cette ville par laquelle le bourgmestre et les échevins les prenaient sous leur protection. Il semble d'ailleurs que, malgré la différence de leurs destinées, les Le Gendre de Hollande soient restés en relations avec les membres de leur famille résidant à Rouen.

Jean-Baptiste Le Gendre. — Né en 1600[1] et par conséquent plus âgé de deux ans que son frère Thomas, il dut venir avec lui au Maroc en 1618. Jean-Baptiste Le Gendre dirigea très vraisemblablement à Safi les intérêts de la maison paternelle, ce qui était plus conforme à son âge et à sa qualité d'aîné. Rappelons qu'en 1618 Thomas n'avait que seize ans. Si l'on a néanmoins placé au premier rang la notice consacrée à ce dernier, c'est uniquement parce que la relation qu'il a écrite permet de donner sur lui des détails biographiques plus étendus et de suivre en même temps l'histoire des négociants français au Maroc sous Moulay Zidân.

La présence de Jean-Baptiste Le Gendre est constatée à Safi à la date du 23 novembre 1623 par une mention du journal de l'agent hollandais Albert Ruyl[2]. On a vu qu'il y résidait en novembre 1624, date où des habitants de Honfleur le chargent, conjointement avec son frère Thomas, de racheter leurs parents détenus en captivité. Il quitta le Maroc avec les marchands français établis à Safi, à la fin de 1625. Mais il y retourna en 1638 sur le navire du capitaine Esmery, de Caen. On le trouve à Safi au mois de juin de cette année ; il était porteur d'une lettre de Louis XIII pour Moulay Mohammed ech-Cheikh *el-Aseghir*. Le nouveau chérif lui fit bon accueil et témoigna qu'il désirait continuer la paix[3] ; il lui remit neuf esclaves français et l'assura que, s'il redevenait maître de Salé, il lui donnerait tous ceux qui étaient détenus dans cette place.

Moulay Mohammed ech-Cheikh fit plus encore et prit la défense des intérêts de Jean-Baptiste Le Gendre contre les Anglais. Ceux-ci, qui avaient remplacé les Pallache dans la ferme des douanes, voulaient s'opposer à ce que le marchand rouennais allât traiter ses

1. V. Bibl. de la Société de l'Hist. du protestantisme français. *Reg des inhumations faites à Rouen, Quevilly et Saint-Sever*, Ms., au nom Le Gendre, à la date du 24 mars 1660.

2. V. *1re Série*, Pays-Bas, t. III, *Journal d'Albert Ruyl*, à la date du 23 novembre 1623.

3. V. *infra*, Doc. XCVI, p. 553.

marchandises à Safi. Le Chérif leur fit dire « qu'il vouloit que les Français trafiquassent comme eulx et qu'ilz y fussent les bien venus[1] ». Il profita de l'occasion pour envoyer, par le vaisseau du capitaine Esmery, un ravitaillement au caïd Morat François assiégé dans la kasba de Salé par Sidi El-Ayachi. Ce vaisseau arriva devant la place le 22 juin 1638[2]. Jean-Baptiste Le Gendre, qui avait l'intention de revenir en France pour la Toussaint[3], resta au Maroc jusqu'en 1639. Tandis qu'il se trouvait à Salé, en novembre 1638, on découvrit à une lieue de la ville « une mine de très fin estain... qu'on estime meilleur que celuy d'Angleterre, laquelle est si abondante en ce mestail qu'elle donne plus de cinquante pour cent et contient plus de huict lieues de contour ». On chargea Le Gendre d'en emporter « une partie de mille quintaux et quelque peu de la terre duquel on le tire pour monstrer en France[4] ».

Jean-Baptiste Le Gendre quitta Salé en juillet 1639; le vice-consul Gaspard de Rastin l'avait chargé de remettre à Richelieu une lettre en date du 16 de ce mois, dans laquelle il exposait sa triste situation[5].

Il ne semble pas qu'il soit retourné au Maroc après 1639; il mourut à Rouen le 24 mars 1660. Sur le registre d'inhumation, il est qualifié « sieur de Boisville, marchand bourgeois de Rouen[6] ».

Isaac de Razilly[7]. — La famille de Razilly[8], qui tire son nom du fief et château de Razilly[9], appartenait à la fois à la Touraine, à l'Anjou et au Poitou. Isaac naquit en 1587 au château d'Oiseau-

1. V. *infra*, Doc. XCVII, p. 554.
2. V. *infra*, Doc. XCVI, p. 552 et note 1.
3. V. *Ibidem*, p. 553.
4. V. *infra*, p. 588, *Lettre de Gaspard de Rastin à Richelieu*, 16 juillet 1639.
5. V. *Ibidem*.
6. V. *supra*, p. LXIII, note 1.
7. Les voyages au Maroc du chevalier de Razilly occupent une place si importante dans le tome III des SS. Hist. Maroc, 1re Série, France, qu'il a paru superflu dans cette notice biographique de multiplier les références à ce volume.
8. C'est ainsi que le nom se trouve écrit le plus généralement jusqu'au XVIIe siècle, et c'est ainsi que signait Isaac. La graphie Rasilly, adoptée par Claude, connu sous le nom de Launay-Razilly (décembre 1593-22 mai 1654), a prévalu aujourd'hui. Cf. *Généalogie de la famille de Rasilly*, p. 279 et 338.
9. Commune de Beaumont-en-Véron, arrondissement de Chinon, département d'Indre-et-Loire.

melle[1]. Reçu chevalier de Malte[2] au prieuré d'Aquitaine le 6 janvier 1605, il fit partie de l'expédition que La Ravardière et François de Razilly, son frère aîné, conduisirent au Maragnon en 1612[3].

Revenu en France, ce gentilhomme, à l'esprit hardi et entreprenant, ne voyant aucune guerre en Europe pour occuper son activité, conçut le singulier projet de passer en Afrique et d'aller offrir ses services au roi du Maroc. Il fut encouragé dans ce dessein par son frère François. Le plan de Razilly nous est seulement connu par l'exposé qu'en fait le P. François d'Angers. Le Chevalier, muni de lettres de recommandation de Louis XIII pour Moulay Zidân, devait travailler au rétablissement des relations pacifiques entre la France et le Maroc, très tendues depuis l'affaire Castelane. Il mettrait à la disposition du Chérif pour le défendre contre ses ennemis de terre et de mer une troupe de Français qui tiendrait garnison dans quelque port ou place de sûreté, et dont l'entretien serait payé par le makhzen. Enfin Razilly, aussi fervent chrétien que vaillant capitaine, n'oubliait pas la cause de Dieu et devait demander au Chérif le libre exercice de la religion catholique dans tous ses Etats[4].

Ce projet quelque peu aventureux ne dut pas rencontrer une grande faveur auprès de la cour de France. Néanmoins, on crut bien faire de profiter des dispositions du Chevalier pour le charger de conduire au Maroc le s[r] Claude Du Mas, envoyé auprès de Moulay Zidân pour négocier la mise en liberté des captifs français. Le vaisseau de Razilly arriva à Safi juste au moment où Moulay Zidân, pressé par le rebelle Yahia ben Abdallah, venait de se réfugier dans ce port. Le Chevalier eut occasion de rendre quelques services au Chérif; il dut l'entretenir de son projet et fut sans doute amené à faire devant lui l'éloge de son frère François et de son expédition au Maragnon, si malheureusement traversée par les Espagnols. Toujours est-il que Moulay Zidân déclara à Du Mas qu'il n'écouterait aucune proposition avant d'avoir obtenu satisfaction pour l'affaire Castelane, et qu'il fit partir sur le vaisseau de Razilly le caïd

1. Commune des Trois-Moutiers, arrondissement de Loudun, département de la Vienne.

2. V. les preuves de Malte d'Isaac de Razilly du 3 juin 1604, *Généalogie*, p. XXI.

3. V. *Généalogie*.

4. V. *infra*, p. 100, *Hist. de la mission des PP. capucins au Maroc.*

Farès pour demander à Louis XIII qu'on envoyât au Maroc François de Razilly « avec memoires et pouvoirs necessaires afin d'adviser aux conditions raisonnables d'une bonne union et la rendre solide ». Le caïd devait ajouter « qu'il proposait cette personne [François de Razilly] en particulier, pour être en créance dans l'esprit du Roy son maître, et connue de luy pour l'ennemi véritable de ses propres ennemis ; qu'a peine pourrait-il [le Chérif] prendre assurance en un autre de qui la reputation ne serait pas si publique dans ses Etats[1] ». On a vu plus haut que la cour de France n'avait pas déféré à ce désir du Chérif.

Les opérations maritimes contre les Rochelais occupèrent Isaac de Razilly de 1621 à 1623 ; il s'y distingua et fut nommé, le 3 décembre 1623, premier capitaine de la marine de France, puis, le 17 février 1624, chef d'escadre des vaisseaux du Roi et vice-amiral de ses armées navales.

Mais ces événements n'avaient pas distrait sa pensée du Maroc, et il était sans doute resté en relations avec ce pays. Il fut informé en 1623 par un gentilhomme français échappé de captivité des sentiments et des dispositions du Chérif à son égard : Moulay Zidân avait appris avec « deplaisir » la mort de François de Razilly, tué en octobre 1622 au siège de Montpellier ; il reprochait au Chevalier de n'avoir pas continué à s'employer « au traité pour l'accommodement des deux couronnes ». D'après le susdit gentilhomme, Isaac de Razilly pouvait seul réussir dans cette entreprise « du côté de l'Afrique, vu la haute estime dans laquelle il étoit pour sa probité et sa valeur ». Le Chevalier se trouvait alors à la tête d'une escadre de trois vaisseaux, rendue inutile par la paix avec les protestants. Il demanda donc et obtint la permission de passer au Maroc pour sonder les intentions du Chérif au sujet de l'alliance et empêcher la capture des nombreux Français que les Maures réduisaient en esclavage. Dans la pensée d'Isaac de Razilly, son

1. V. *infra*, p. 101, *Histoire de la mission des PP. capucins au Maroc*. Le langage employé par le P. François d'Angers, auteur de cette *Histoire*, donnerait presque presque à penser que François de Razilly avait été au Maroc en 1619 et était personnellement connu de Moulay Zidân. L'auteur de la *Généalogie* a admis cette hypothèse (V. p. 236), qui est d'ailleurs contredite dans ce même ouvrage où il est dit (p. 304) que François séjournait à la cour de France en janvier 1619.

expédition devait avoir aussi pour objet d'amener les infidèles à la connaissance du vrai Dieu. C'est pourquoi il s'adressa au P. Joseph, provincial des PP. capucins de la province de Touraine et commissaire apostolique des missions étrangères. Le P. Joseph s'intéressa vivement à l'entreprise et fit députer par le chapitre de la province de Touraine les PP. Pierre d'Alençon et Michel de Vezins avec le Frère Rodolphe d'Angers, pour accompagner Razilly et fonder au Maroc une mission apostolique.

Partie de France vers la fin d'août 1624, l'escadre de Razilly arriva à Safi le 3 octobre. De nombreux gentilshommes faisaient partie de l'expédition. Le 4 octobre, le Chevalier descendit à terre avec les PP. capucins qui célébrèrent la messe dans la chapelle consulaire. Quelques jours après, Sidi Farès, le caïd qui avait été récemment envoyé en France par Moulay Zidân, se présenta à bord de la part du Chérif, qui était campé dans les environs de Safi. Il apportait « un passeport du Roy en bonne forme, signé de sa main et scellé du sceau des armes de Sa Majesté, par lequel il promettoit au commandeur de Razilly et aux siens asseurance dans ses Etats[1] ». D'après Cespedes[2], le passeport limitait à deux le nombre des Français autorisés à débarquer. Saint-Mandrier aurait écrit dans ce sens à Razilly, mais les gens de Safi auraient intercepté la lettre de ce dernier et transmis seulement le sauf-conduit chérifien. Si l'on s'en rapporte à Thomas Le Gendre, témoin oculaire, le passeport, au contraire, était valable pour vingt-cinq personnes[3]. Toujours est-il que « le sieur de Razilly le croyant, et que la lettre qu'il ne pouvoit lire, parce qu'elle estoit en arabe, chantoit la même chose », descendit à terre avec une brillante escorte de plus de trente personnes, trompettes et violons en tête : les religieux capucins l'accompagnaient. Alors que les Français s'avançaient ainsi pleins de confiance, « le gouverneur de Safi, qu'ils pensoient être venu pour les recevoir au nom du Roy son maître, les arrêta tous et les fit prisonniers ». Après les avoir dépouillés, on les fit monter à cheval et, liés, ils furent conduits à la mahalla chérifienne.

1. V. *infra*, p. 106, *Histoire de la Mission des PP. capucins au Maroc.*

2. V. Cespedes, *Primera parte de la Historia de D. Felipe IV*, p. 506.

3. Cf. *infra*, p. 732, *Relation de Thomas Le Gendre.*

La véritable cause[1] de cet acte de perfidie contre un ambassadeur, attentat presque unique dans l'histoire du Maroc, paraît être le ressentiment très grand qu'avait conçu le Chérif, en apprenant que la cour de France avait refusé de recevoir son ambassadeur Sidi Farès et de lui accorder la moindre satisfaction pour l'affaire Castelane. Moulay Zidân voyait dans ce guet-apens de légitimes représailles et un moyen de se procurer des otages de prix, puisque la plupart des Français ainsi arrêtés étaient des gentilshommes. Il fit camper les prisonniers à proximité de sa tente. Au bout de quelques jours il consentit à remettre en liberté Razilly, son valet de chambre et un des capucins de la mission, le Fr. Rodolphe ; il chargeait le Chevalier de remettre au roi de France un mémoire sur l'affaire Castelane et de demander « reparation de cet affront insigne et le dédommagement d'une si notable perte ».

Rentré en France avec la préoccupation de délivrer le plus tôt possible ses compagnons captifs, Razilly fut cette fois encore employé « malgré lui », à La Rochelle où il remplit les fonctions de contre-amiral de la flotte commandée par le duc de Montmorency. Il se distingua ainsi que son frère Claude dans la bataille navale du 16 septembre 1625 où furent vaincus les Rochelais, et tint la campagne jusqu'à la suspension d'armes du 5 février 1626.

Cependant le Chevalier n'avait garde d'oublier les malheureux captifs du Maroc, il adressa en 1626 à Richelieu plusieurs mémoires relatifs à leur rachat[2]. Il envoya même au Maroc en 1627 une patache portant « argent et meubles nécessaires », mais le capitaine de ce navire s'étant mis à pirater fut poursuivi et pris par les vaisseaux du Roi. Les opérations contre les protestants recommencèrent en juillet 1627 ; le Chevalier y fut de nouveau employé et contribua avec son frère Claude à chasser les Anglais de l'île de Ré (novembre 1627).

La capitulation de La Rochelle (29 octobre 1628) et la paix avec l'Angleterre (24 avril 1629) rendirent à Razilly sa liberté et

1. Le P. François d'Angers rend Saint-Mandrier responsable de cette violation du droit des gens. Ce capitaine provençal (V. *supra*, p. XXXIX, sa notice) aurait, d'après lui, persuadé à Moulay Zidân que les Français voulaient surprendre Safi. V. *infra*, p. 109 et note 1, *Hist. de la mission des PP. capucins au Maroc*.

2. V. *infra*, ces mémoires, pp. 115, 119 et 123.

lui permirent de s'occuper du Maroc, où Moulay Abd el-Malek avait succédé en 1627 à Moulay Zidân. Sur les instances du P. Joseph, Richelieu se décida à y envoyer une expédition. Le Chevalier en eut le commandement, mais on lui adjoignit, un peu comme un mentor, le capitaine Du Chalard, dont il avait promis au P. Joseph de suivre « les bons avis ». La mission de Razilly avait un double objet : il devait faire une démonstration devant Salé, afin d'amener cette république de pirates à relâcher les esclaves français et à conclure une trêve ; il devait d'autre part négocier avec Moulay Abd el-Malek un traité de paix et racheter à ce dernier les captifs français qui lui appartenaient en propre. L'escadre se composait de sept vaisseaux et deux pataches ; on acheta en outre un vaisseau olonnais qu'on arma pour servir également de patache. Le Fr. Rodolphe revenait au Maroc avec l'expédition.

La flotte partit le 27 juin 1629 de la rade de Chef-de-Baie, près de La Rochelle, et mouilla devant Salé, le 20 juillet. A son arrivée, le Chevalier apprit la mort des PP. Pierre d'Alençon et Michel de Vezins, ainsi que celle de son neveu Gabriel de Razilly[1]. Le 23, il fit partir pour Safi deux vaisseaux et une pinasse avec le Fr. Rodolphe chargé des négociations à ouvrir avec Moulay Abd el-Malek. Quant à lui, il signifia un ultimatum au Divan de Salé. En ayant reçu une réponse insolente, il mit le blocus devant la place le 25 juillet et le maintint pendant deux mois, prenant pour point d'appui El-Mamora[2]. Les Salétins se décidèrent le 2 octobre 1629 à conclure une trêve de cinq mois. Ce fut Du Chalard qui négocia et signa cet accord avec le gouverneur Mohammed ben Abd el-Kader Ceron. Le Chevalier, dont le vaisseau « la Licorne » était mouillé devant El-Mamora, averti par trois coups de canon tirés par Du Chalard de la conclusion de la trêve avec le Divan, se mit en route pour Salé, afin de prendre à son bord les captifs français que les Salétins

1. Il était fils de François de Razilly (frère aîné du Chevalier) et de Marguerite de Clermont, et avait accompagné son oncle en 1624. Il mourut de la peste à Merrakech à la fin de mars 1629. V. *Généalogie*, pp. 283 et 315. Une démarche en vue d'obtenir la liberté de ce jeune gentilhomme avait été faite en 1627 auprès de Moulay-Zidân par les États-Généraux des Provinces-Unies, à la recommandation du comte et de la comtesse de Soissons. V. *infra*, p. 126, Doc. XXVI.

2. Razilly entretint d'excellentes relations avec le gouverneur espagnol de cette place, Toribio de Herrera. V. *infra*, pp. 220 et 222.

s'engageaient à lui remettre. Mais le mauvais temps l'empêcha d'aborder et, après avoir erré douze jours en mer, il vint mouiller devant Safi, où il fut rejoint par Du Chalard (14 octobre 1629).

Il trouva à Safi le Fr. Rodolphe, de retour de Merrakech, qui lui apportait une lettre de Moulay Abd el-Malek. Celui-ci, usant des atermoiements coutumiers aux Chérifs, ajournait la conclusion du traité et la mise en liberté des captifs français. La mauvaise saison s'avançait et les bateaux commençaient à fatiguer sur la côte marocaine. Razilly écrivit donc de nouveau au Chérif, lui demandant avec instance de se hâter ; il s'engageait à remettre le présent du roi de France[1] à l'envoyé de Moulay Abd el-Malek qui amènerait les captifs. Ce fut en vain, et, le 27 octobre, une tourmente s'étant élevée, la flotte se vit contrainte de faire voile vers la France où « la Licorne » arriva à Port-Louis le 20 novembre; les autres vaisseaux rentrèrent à Chef-de-Baie près de La Rochelle.

Le double objet de la mission confiée à Razilly n'avait été qu'imparfaitement atteint : s'il avait réussi à signer une trêve avec les Salétins, il avait dû laisser entre leurs mains les esclaves français. Quant au Chérif, il n'en avait obtenu ni traité ni captifs. Une nouvelle expédition était nécessaire. Razilly, toujours accompagné du capitaine Du Chalard, fut renvoyé au Maroc. La flotte partit de Saint-Martin-de-Ré le 28 juin 1630. Elle se composait de « la Licorne » le vaisseau de Razilly, de « la Renommée » sous les ordres de Du Chalard et de la patache « la Petite Marguerite » commandée par le capitaine Palot. Le 23 juillet 1630, on arriva devant Salé et le même jour on captura trois navires aux pirates, qui se décidèrent, le 2 août, à demander une suspension d'armes. On échangea des otages de part et d'autre ; les Salétins commencèrent par rendre la liberté à tous les captifs français et on leur donna en retour quelques marchandises[2]. Puis les pourparlers s'engagèrent au sujet de la paix. Razilly, laissant à Du Chalard le soin de terminer les négociations avec les plénipotentiaires de Salé, se rendit à Safi, où il

1. On sait que par une fiction à laquelle la cour de France attachait une grande importance, les esclaves français n'étaient pas rachetés au Chérif, mais celui-ci les remettait contre un présent qui avait un caractère gracieux. V. *infra*, p. 149 et note 3.

2. V. *infra*, p. 310, *Relation dite de Jean Armand Mustapha*. La rançon était parfois payée en nature, à cause de la plus-value des marchandises.

arriva le 31 août. Le capitaine Palot, porteur d'une lettre du Chevalier pour le Chérif, l'y avait devancé et avait annoncé la prochaine arrivée de la flotte française. Mais Moulay Abd el-Malek semblait vouloir, comme l'année précédente, traîner les choses en longueur. Par contre, les pourparlers avec les Salétins s'étaient heureusement terminés, et le 7 septembre Du Chalard arrivait à Safi avec le traité signé à la date du 3 septembre. Cependant Razilly réclamait avec instance du Chérif l'envoi d'un caïd ayant des pouvoirs pour négocier. La capture d'un navire plus ou moins chargé de contrebande qui fut opéré le 3 octobre dans la rade de Safi avança les choses. Ce navire appartenait aux Pallache, cette famille de Juifs si en faveur auprès des Chérifs. Les Pallache, désireux de recouvrer leur navire, mirent tout en œuvre pour obtenir la liberté des captifs français, et Moulay Abd el-Malek consentit à les laisser partir de Marrakech le 9 octobre. Dès le 11 Razilly était informé par eux de la décision du Chérif. Mais il n'ajouta sans doute qu'une médiocre confiance aux dires des Pallache, et, craignant d'être pris, comme en 1629, par le gros temps sur la côte du Maroc, il mit à la voile le 12 octobre et arriva à l'île de Ré le 23 novembre ; il ramenait en France cent vingt des captifs délivrés à Salé. Le capitaine Palot, qui avait quitté Safi le 12 septembre, en avait rapatrié le même nombre.

Le 16 octobre, arrivaient à Safi, sous la conduite du caïd Yahia el-Djenati, les captifs français venus de Merrakech. Grand fut leur désappointement, en apprenant que les vaisseaux de France étaient repartis depuis quatre jours. Le Chérif, oubliant que ses atermoiments justifiaient dans une certaine mesure le manque de patience du Chevalier, adressait à Louis XIII une lettre pour se plaindre du procédé (2 novembre 1630). « Vostre subjet [Razilly], écrivait-il, sçavoit très-bien pourtant que le nostre le devoit bientôt aller trouver, voires mesmes qu'il estoit en chemin, et toutes fois n'eut pas la patience d'attendre son arrivée, bien qu'un serviteur ne doive, pour quoy que ce soit, laisser la poursuitte des choses qui luy sont commandées par son maistre, moins encore tesmoigner de l'impatience, quand il s'agist de l'exécution »[1].

1. V. *infra*, p. 352, *Lettre de Moulay Abd el-Malek à Louis XIII* (Traduction).

Razilly et Du Chalard durent faire un nouveau voyage au Maroc en 1631 pour terminer avec Moulay el-Oualid, successeur de Moulay Abd el-Malek, cette négociation qui durait depuis 1629. La cour de France leur adjoignit un agent spécial, le s' de Molères, qui fut chargé de la partie diplomatique. Cette dernière expédition des deux capitaines « leur réussit si heureusement que, par leur sage conduite, ils mirent leur négociation au point où Sadite Majesté leur avoit commandé de la mettre, car, après avoir esté longtemps à traitter avec le roy de Marroc et avoir combattu toutes les difficultés qui les traversoient en leurs desseins, ils les vainquirent enfin et firent si bien qu'ils délivrèrent cent quatre-vingts esclaves françois qui restoient en tout ce païs-là, outre les deux cens que le mesme commandeur de Razilly avoit rachetez l'année precedente, et conclurent entre les deux couronnes de France et de Marroc un traitté de paix assez advantageux[1] ». Le traité avait été signé par le Chérif le 17 septembre 1631. « La Licorne » et « la Renommée » étaient de retour dans la baie du Morbihan le 7 novembre 1631.

Le commandeur[2] de Razilly ne retourna plus au Maroc et porta son activité du côté de la Nouvelle France (Canada); il fut choisi par Richelieu le 12 mai 1632 pour recevoir ce pays des mains des Anglais qui, par le traité de Saint-Germain-en-Laye (29 mars 1632), venaient de le restituer. Par lettres patentes du 20 avril 1632, le Roi le nomma « son lieutenant-général en tout le païs de la Nouvelle France dit Canada, terres et costes circonvoisines, en toute son estendue et par delà tant et sy avant qu'il pourroit faire recevoir et recongnoistre son nom ». En fait, Razilly n'exerça ses fonctions de lieutenant-général de la Nouvelle France que sur l'Acadie[3]. Il s'embarqua à Auray le 4 juillet 1632 et réoccupa les établissements de la colonie naissante qu'il administra et gouverna en Français jaloux de l'expansion de son pays. Il projetait d'y établir une commanderie de Malte sous la suzeraineté de la France, quand il mourut à La Hève en 1636.

1. V. Dan, *Hist. de Barbarie*, p. 234.

2. Il avait été nommé commandeur de l'Isle-Bouchard le 21 octobre 1631. V. *Généalogie*, p. 233. C'est à tort que quelques historiens lui donnent ce titre avant cette date.

3. Sur l'histoire de cette colonie, cf. Rameau de Saint-Père, *Une colonie féodale en Amérique, l'Acadie de 1604 à 1811*, et Moreau, *Histoire de l'Acadie*.

Priam-Pierre Du Chalard. — Ce capitaine de vaisseau, dont le père avait été gentilhomme de la chambre du roi de Navarre [1], dut naître vers 1590 [2]. Il était « fils de Bordeaux et de condition, d'un très-gentil esprit, ayant acquis des moyens à la Cour, oultre ceux qu'il avoit de sa maison [3] ». Après avoir été attaché au duc de Roquelaure [4], au service duquel on le trouve en 1610, il « fait profession des armes, notamment de la marine à ses despens [5] ». En 1619, il est qualifié gouverneur de la Tour de Cordouan [6] dans une délibération des jurats de Bordeaux relative au balisage de l'entrée de la Gironde [7] et, à cette même date, il figure dans l'*Alphabet Lafillard* comme capitaine de vaisseau [8]. Ce double titre lui est donné dans un acte du 17 septembre 1626 par lequel Claude de Razilly, qui était comme lui capitaine de vaisseau, l'institue son exécuteur testamentaire [9]. On peut déduire de ce fait que P. Du Chalard était lié avec les Razilly. Il se trouva d'ailleurs avec les deux frères Claude et Isaac au siège de La Rochelle (1627-1628), où il se distingua [10].

1. Gration Du Chalard, père de Priam Pierre, avait épousé Jeanne Sevin, fille de Jean, s^r de Villeroy et de Bertrande d'Arcet. Bibl. Nat., *Mss. Dossiers bleus, 164, cote 4307.*

2. Il avait l'âge d'homme en 1610. V. ci-dessous la note 4. D'autre part on verra qu'en 1629 Richelieu l'avait placé auprès de Razilly comme une sorte de mentor (V. *supra*, p. LXIX, Notice sur Razilly), ce qui rend vraisemblable que Du Chalard avait au moins l'âge du chevalier, lequel était né en 1587.

3. Cf. Gaufreteau, *Chronique bordelaise*, t. II, p. 175.

4. 28 septembre 1610. « Priam Pierre Du Chalard, gentilhomme près du s^r de Roquelaure, confesse avoir reçu la somme de 700^lt à lui ordonnée par le Roy pour l'être venu trouver de la part du s^r de Roquelaure de la ville d'Agen en celle de Paris ». Bibl. Nat., *Pièces originales, vol. 648, cote 15256, p. 6.*

5. Cf. Gaufreteau, *loc. cit.*

6. Nos recherches pour retrouver la nomination de P. Du Chalard comme capitaine ou gouverneur de la Tour de Cordouan n'ont pas donné de résultats. Mais il dut être nommé entre 1617 et 1619, car on voit une ordonnance de visite de la Tour du 27 février 1617 provoquée par Nicolas de St Aulady, bourgeois de Bordeaux, capitaine de la Tour de Cordouan. V. Arch. Dép. de la Gironde, *Série C. cote 3893.* — Sur la Tour de Cordouan, Cf. *Arch. Hist. de la Gironde*, t. 28, p. 234; T. Rymer, *Fœdera, conventiones.....*, t. IV, p. 156; G. Labat, *Doc. sur la ville de Royan et la Tour de Cordouan*, p. 4.

7. Cf. Archives communales de Bordeaux, *Série JJ. Inventaire des registres de la Jurade (1520-1783).*

8. Cf. Bibl. de la Marine, *Alphabet Lafillard*, p. 147. Il est appelé Pierre Du Challard de St Soyan.

9. Cf. *Généalogie de la famille de Rasilly*, p. 365.

10. Cf. Gaufreteau, *loc. cit.*

En 1629 il fut désigné par Richelieu pour commander « la Renommée », l'un des vaisseaux de l'escadre envoyée au Maroc sous les ordres du chevalier Isaac de Razilly. Il avait été placé auprès de ce dernier comme un homme de bon conseil et avait en réalité « la principale part en la conduite de cet armement [1] ». Aussi le père Joseph écrivait-il au Chevalier : « Je vous supplie de vous souvenir de ce que vous m'avez promis qui est de suivre les bons avis de monsieur Du Chalard, selon même les instructions de monseigneur le Cardinal, qui vous estimera d'autant plus qu'il vous verra donner créance aux personnes capables et de mérite [2]. »

On a déjà raconté dans la notice sur Razilly [3] cette expédition de 1629, ainsi que celles de 1630 et de 1631 [4], auxquelles Du Chalard prit part à bord de son vaisseau « la Renommée ». Il suffit de rappeler que le compagnon de Razilly fut chargé spécialement des négociations qui aboutirent à la trêve du 2 octobre 1629, conclue pour cinq mois, et à la trêve du 3 septembre 1630, signée pour deux ans. Quant au traité de 1631, il fut négocié par un agent spécial, le s[r] de Molères.

En 1632, Du Chalard [5] fit partir pour le Maroc le s[r] Julien Du Puy, afin de recouvrer du consul Pierre Mazet la somme de 28886 livres, qu'il devait pour des marchandises qui lui avaient été laissées en 1630 avec charge de les vendre. Mais le chérif Moulay el-Oualid, irrité d'un malentendu provoqué par l'infidelité des Pallache et croyant, ou affectant de croire à un changement dans les dispositions de la France, fit jeter en prison l'envoyé de Du Chalard, ainsi que le consul Pierre Mazet, et recommença la course contre nos vaisseaux [6]. La mission du capitaine Cabiron [7] ayant fait le jour sur les griefs du Chérif, on résolut d'envoyer au Maroc une nouvelle expédition, dont le commandement fut confié à Du Chalard.

1. V. *infra*, p. 271, *Histoire de la mission des PP. capucins au Maroc*.

2. V. *infra*, p. 265, *Lettre du P. Joseph à Razilly*.

3. V. *supra*, pp. LXIX-LXXII.

4. Dans sa lettre de commission, datée du 6 mai 1631, P. Du Chalard est qualifié : « capitaine et gouverneur de nostre Tour de Cordouan et capitaine garde-coste de nostre province de Guienne ». V. *infra*, p. 399.

5. Il portait alors le titre de : « Conseiller du Roy, Commissaire provincial des guerres de Guienne, etc. ». V. *infra*, p. 441, *Lettre de Julien Du Puy à Du Chalard*.

6. Sur ces événements, V. *Ibidem*.

7. Sur la mission du capitaine Cabiron, V. *infra*, pp. 447-460, *Relation d'Antoine Cabiron*, et pp. 461-470, *Compte d'Antoine Cabiron*.

En vertu de ses instructions, datées du 24 octobre 1634, il était « chargé de mener et de conduire au roy de Marocq les Mores ses subjects qui avoient esté sur les galleres de France et retirer par forme d'echange les François retenus esclaves par ledit roy de Marocq et mesmes par les habitants de Salé [1] ». Au cas où les Salétins refuseraient cette transaction, Du Chalard devait composer avec eux dans les limites de la somme qu'il emportait avec lui. Toutefois, si les rançons dépassaient cette somme, il était autorisé à emprunter au nom du Roi « et par son crédit particulier des marchands qu'il trouveroit audit Salé ce qui seroit necessaire pour faire ledit rachapt jusques à la somme de cent livres par homme, que Sa Majesté promit de faire rendre et payer trois mois après son retour [2] ».

Conjointement à cette mission de rédemption générale dont il était chargé par la cour de France, Du Chalard en accepta une particulière des États de Bretagne pour le rachat des captifs de cette province [3]. A cet effet les États réunis à Dinan votèrent, le 14 décembre 1634, une somme de 10000 livres et firent remettre à Du Chalard la liste des captifs bretons. Mais, comme les fonds n'étaient pas prêts les députés des États le prièrent de vouloir bien en faire l'avance, et celui-ci, avant son départ, dut emprunter aux sieurs Bibault et Bordet, banquiers à La Rochelle, la somme de dix mille livres « dont il tira lettre de change sur la dame Du Challard [4] ».

Il partit le 30 avril 1635 de l'île de Ré et arriva à Safi le 12 mai. Outre son vaisseau « la Renommée » il emmenait avec lui « l'Espérance-en-Dieu » commandée par le sieur de Poincy, et « l'Isabelle » qui servait de patache. Moulay el-Oualid se trouvait à Aïer, surveillant les travaux de sa kasba d'El-Oualidya, où étaient employés tous les esclaves chrétiens. Il se rendit le 23 mai à Safi pour se rencontrer avec l'ambassadeur de France. Sur ces entrefaites et tandis que les pourparlers se poursuivaient, le navire « la Perle », battant le pavillon anglais, vint mouiller à Safi. Du Chalard somma le capitaine anglais Lucas Wheston de « desarborer son pavillon

1. V. Bibl. Nat., *Imprimés*, F³ 17531, *Factum pour escuier Jean Du Bouexic....* p. 1.

2. Cf. *infra*, p. 474, note 1.

3. Cf. Arch. Départ. d'Ille-et-Vilaine *G* *2662, pp. 670-671. Délibération des États de Bretagne* du 14 décembre 1634.

4. Bibl. Nat., *F³ 17630, Factum pour messire Priam-Pierre du Chalard*, conseiller du Roy en ses conseils d'Estat, pp. 1-2.

de son grand mast », le menaçant d'aller à son bord pour le contraindre « à rendre à la bannière de France l'honneur qui luy est deu ». Wheston piqué répondit « qu'il estoit prest de le recepvoir et l'attendoit avec bon potage et qu'on verroit qui seroit le plus fort ». C'était provoquer Du Chalard au combat, et cela en pleine rade de Safi, sous les yeux des Maures, du Chérif[1] et de son entourage. Le vice-amiral français estima qu'il « eust été deshonoré, s'il eust manqué à son debvoir et en fut demeuré là en présence du roy de Maroc... qui eust fait mauvais jugement du Roy et de son Conseil de luy avoir envoyé un ambassadeur lasche et peu curieux de la conservation de l'honneur de son maistre, pour traitter des affaires de la paix ». C'est pourquoi il fit lâcher sa bordée de canons, à laquelle le capitaine anglais répondit par la sienne. Le combat fut très chaud : après trois heures de canonnade et de mousqueterie, le navire anglais ayant perdu son capitaine et ses officiers demanda quartier[2].

Les négociations, à peine interrompues par cet intermède guerrier, reprirent entre les plénipotentiaires marocains et Du Chalard. Le traité fut signé le 18 juillet 1635 ; une clause stipulait la relaxation de tous les esclaves français[3]. Puis Du Chalard se rendit à Salé où, le 1er septembre 1635, il fit signer aux Salétins un accord par lequel ceux-ci acceptaient le traité passé avec le Cherif. « La Renommée » rentra en France en novembre 1635, ayant à son bord trois cent quatre captifs. Sur ce nombre deux cent quinze avaient été rachetés pour la somme de 106 200 livres aux Salétins, qui en donnèrent quittance le 1er octobre 1635 ; quarante autres furent remis, sur promesse solidaire de P. Du Chalard et du vice-consul Gaspard de Rastin de payer la somme de 5 503 ducats soit 27 515 livres. D'autre part le Chérif avait mis en liberté, par échange, vingt-huit esclaves qui étaient sa propriété personnelle.

1. Le combat eut lieu le 27 mai. D'après le P. François d'Angers (V. *infra*, *Hist. de la Mission des PP. capucins au Maroc*, p. 487), le Chérif serait reparti de Safi le 26 mai. Il n'y a aucune raison de mettre en doute le dire de P. Du Chalard. Mais, dans tous les cas, on peut admettre que Moulay el-Oualid, longeant la côte pour se rendre à Afor, se soit trouvé le 27 assez près de Safi pour être témoin du combat.

2. Sur cette affaire V. *infra*, Doc. LXXXVII, p. 516 ; *1re Série*, Angleterre, à la date du 12 juin 1635 ; Bibl. Nat., *Imprimés*, *Lb36 3698*.

3. V. le texte de ce traité, *infra*, p. 492, et notamment l'article III.

Enfin au nombre des captifs relaxés se trouvaient dix Bretons qui s'étaient rachetés eux-mêmes[1].

Comment Du Chalard avait-il pu obtenir un résultat si satisfaisant ? Il n'avait en tout que dix mille livres remises par Louis XIII et pareille somme dont il avait dû faire l'avance aux Etats de Bretagne. La vente de la cargaison du navire anglais « la Perle » vint augmenter de 21 000 livres ses ressources, mais celles-ci se trouvèrent encore très inférieures à la rançon demandée. Comme il avait à cœur de retirer du Maroc le plus grand nombre possible de captifs français, il contracta des emprunts auprès des marchands, ainsi qu'il y était autorisé par ses instructions.

A son retour en France « il se pourveut vers le Roy, tant pour le remboursement de la dépense qu'il disoit avoir faite en son voyage que pour estre acquitté des promesses qu'il avoit faites à quelques particuliers marchands, pour marchandises qu'il avoit prises d'eux et qu'il disoit avoir employées au rachapt des captifs[2] ». La prétention de Du Chalard fut fort mal reçue ; on trouva qu'il avait « outrepassé excessivement » les ordres de Sa Majesté, qui en fut « si justement indignée qu'elle le fit mettre en la Bastille, où il « demeura quelque temps[3] ». Puis il fut par jugement banni pour un an de la ville et banlieue de Paris, et finalement condamné à payer aux marchands envers lesquels il s'était obligé plus de 40 000 livres[4].

Dans cette pénible occurrence, Du Chalard se tourna vers les Etats de Bretagne. Ceux-ci s'étaient engagés « sur leur foy et honneur » à le rembourser à son retour des sommes qu'il aurait employées au rachat des captifs bretons, jusqu'à concurrence des 10 000 livres votées le 14 décembre 1634. Mais, d'après Du Chalard, les députés des États avaient élargi son mandat, le chargeant « de rachapter les captifs bretons le plus qu'il pourroit sans concurrance à la somme de x$^{m^{lt}}$ ». Confiant dans cet engagement, il

1. Cf. *infra*, *Histoire de la Mission des PP. capucins au Maroc*, p. 491, note 8, et Bibl. nat., *Imprimés* F³ 17530, *Factum Du Chalard*.

2. V. Bibl. nat., *Imprimés*, F³ 17531, *Factum pour escuier Jean du Bouexic... contre Mre Priam-Pierre Du Chalard*, p. 2.

3. Cf. *infra*, *Mémoires de Richelieu*, p. 513.

4. V. Bibl. Nat., *Imprimés*, F³ 17530, *Factum Du Chalard*, p. 6.

5. Cf. *Ibidem*, p. 4, Note marginale de la main de P. Du Chalard.

avait racheté quatre-vingt-dix-sept Bretons, pour un prix global de 43481 livres, dont il réclamait le remboursement. Mais les Etats décidèrent, le 6 février 1636, de lui allouer seulement les 10000 livres pour lesquelles un vote ferme avait été émis[1]. Le malheureux officier plaida pour obtenir les 33481 livres dont les Etats lui restaient redevables. Il en résulta un procès interminable, et, après appel sur appel, les parties transigèrent le 15 septembre 1664 pour une somme de six mille livres[2].

Cette procédure de trente années est tout ce que nous savons de Pierre Du Chalard depuis son dernier voyage au Maroc[3].

De Molères. — Nous ne possédons aucun renseignement biographique sur ce personnage et nous ne voyons que le sieur Vital de Molères[4], gentilhomme ordinaire de la Chambre du roi Louis XIII, avec lequel il pourrait être identifié. Le Molères qui nous occupe fut adjoint comme négociateur à Razilly et Du Chalard, envoyés en mission en 1631 auprès de Moulay el-Oualid pour traiter de la paix et de la mise en liberté des captifs français. Le juif David Pallache, agent du Chérif, l'accompagnait.

Molères quitta la Cour le 14 juin 1631[5] et rejoignit à La Rochelle

1. Cf. Bibl. Nat. *Factum Du Chalard*, p. 4.

2. Cf. Arch. dép. d'Ille-et-Vilaine, C 265.

3. Il exerça pendant longtemps encore la charge de gouverneur de la Tour de Cordouan. On trouve en effet en 1643 la mention d'un don fait par Louis XIV au s[r] Du Chalard gouverneur de la Tour de Cordouan (*Arch. hist. de la Gironde*, t. 28, p. 325). En 1653 « D[lle] Marye Du Chalard, faisant pour Pierre Priam Du Chalard, son frère, gouverneur de la Tour de Cordouan » somme les receveurs des droits destinés à l'entretien de la Tour de satisfaire à l'ordonnance des trésoriers. V. Arch. dép. de la Gironde, *Série E, Tabellionage, Minutes de Conilh*. A la date du 30 avril 1686, le roi Louis XIV fait don au s[r] Masson, huissier au Parlement de Paris, des revenus de la charge de gouverneur de la Tour... « qui ont esté indeument perceus et receus par divers particuliers depuis la mort du commandeur de Nevesche, decedde en 1669 ». Cf. *Arch. hist. de la Gironde*, t. 28, p. 237. Il semblerait résulter de cette mention qu'en 1669 Du Chalard n'était plus gouverneur de la Tour de Cordouan. Et cependant, à la date du 10 novembre 1679, on trouve la signature de Priam Pierre Du Chalard gouverneur de la Tour de Cordouan au bas d'une quittance par laquelle il reconnaît avoir reçu la somme de 1 000 livres à titre de gratification par ordre du Roi (Bibl. Nat., *Pièces orig. vol. 648, cote 15256, p. 7*). Pour concilier ces deux faits, il faut admettre que Du Chalard, après s'être démis de ses fonctions, en aura gardé longtemps le titre honorifique. Il dut mourir peu après cette année de 1679, date où il devait être âgé d'environ 90 ans.

4. V. Bibl. Nat., *Cabinet des Titres, Pièces orig. vol. 1983, cote 45 508, n° 4.*

5. Pour ces détails et les suivants, V. *infra*, p. 432, *Gazette de France du 19 novembre 1631* (Extrait).

Razilly et Du Chalard. La flotte mit à la voile en juillet et mouilla à Safi, le mois suivant, après avoir relâché à Salé. Razilly fit informer le Chérif de son arrivée et demanda un passeport et une escorte pour le sieur de Molères, qui, seul, était autorisé à descendre à terre et à aller à Merrakech. Bientôt arrivèrent à Safi deux caïds et deux compagnies « l'une de piquiers et l'autre de mousquetaires » et Molères se mit en route avec David Pallache pour la cour chérifienne. « Il eut le lendemain de son arrivée, celebre et favorable audiance ; car on luy amena les 180. esclaves françois qui restoient dans le païs... ». Les négociations pour le traité furent un peu plus longues. Moïse Pallache, frère de David, « trucheman » du Chérif, servit d'intermédiaire pour les pourparlers. Dès que l'on fut d'accord sur les clauses, on dressa une traduction du traité, qui porta la date du 17 septembre 1631. Molères repartit avec les esclaves pour Safi, emportant cette traduction. Le Chérif promettait d'envoyer quelques jours après à Razilly le texte arabe du traité et sa réponse au roi de France. La chancellerie chérifienne ne se pressant pas, on fut contraint « d'envoyer un marchand exprès à Marroq pour fer atter d'envoyer les dites despeches, lesquelles ledit Moyse Pallache porta à bord ».

La flotte repartit pour la France en octobre et mouilla, le 7 novembre, dans la baie du Morbihan. Le 16, le s[r] de Molères rejoignit la Cour qui était à Château-Thierry et rendit compte au Roi de sa mission.

Pierre Mazet. — Né à Marseille[1], il appartenait à une famille qui fournit à cette ville plusieurs officiers municipaux dans la première moitié du XVIIe siècle[2], et lui-même fut élu consul de cette ville le 28 octobre 1619[3].

On ne peut fixer avec certitude la date de sa venue au Maroc[4];

1. V. *infra*, p. 318, Commission de Consul pour Pierre Mazet « natif de la ville de Marseille ».

2. On trouve un Vincent Mazet, élu consul de Marseille en 1624 et réélu en 1625, et un Jean-Baptiste Mazet, élu consul de la même ville en 1628. V. *Arch. com. de Marseille, Reg. des délibérations*.

3. V. *Ibidem*, année 1619, f° 78.

4. On trouve dans les documents hollandais de cette époque la mention d'un Pierre Cruzet de Marseille qui aurait séjourné à Dordrecht et savait le néerlandais. En 1624, le Chérif le retenait depuis quatre ans au Maroc sans vouloir le laisser partir. V. *1re Série*, Pays-Bas, t. III, *Lettre de Ruyl aux États*, 15 novembre 1624. La ressemblance du nom, l'identité du prénom

Il se trouvait au Maroc durant la captivité du P. Pierre d'Alençon (1624-1629), car il rendit par la suite témoignage d'un prodige qui avait accompagné la mort de ce Père[1]. Il arriva à Salé en 1626[2] et y fit du commerce[3]. Ayant acquis une certaine influence auprès du Divan qui gouvernait cette république, il l'employa au soulagement des captifs français, et ceux-ci publient ses louanges dans une lettre qu'ils adressent le 9 août 1629 au chevalier de Razilly venu en mission à Salé : « Nous a protégés et cauxionnés, écrivent-ils, Mr Pierre Mazet, marchand françois de Marseille, pour alleger en partye nos travaux et miseres des cheynes et basses-fosses, qui, en vérité et foy de nos consienses, nous a fait de très-bons offices dignes que nous le publions partout où il plaira à Dieu de nous conduire. Pour quoy nous vous suplions de croire, mondit seigneur, qu'il est louable par toutes sortes de différentes loix que par le destin a esté esleu de ses Mrs les Andaloux, gouverneur du chasteau et de ses despendances[4] ».

Lorsque Razilly revint à Salé avec Du Chalard en 1630, P. Mazet servit d'intermédiaire entre le Chevalier et le Divan[5]. Ce fut dans son logis que les PP. capucins et le P. Datias célébrèrent la messe le 21 août 1630. On voit par ce qui précède que Pierre Mazet exerçait en fait les fonctions d'un consul de la nation française à Salé. Ce fut donc sur lui que se porta tout naturellement le choix de Razilly, lorsque, pour affirmer les bonnes relations de la République et de la France, la création d'un consulat à Salé fut décidée. Sa nomination fut signée le même jour que la trêve, le 3 septembre 1630[6]. En cette qualité, il reçut, avec mission de la vendre sur place, une

et de la ville d'origine, la concordance du temps permettent de supposer que ce personnage serait en réalité Pierre Mazet, dont le nom aurait été mal lu par un secrétaire hollandais.

1. V. *Histoire de la mission des PP. Capucins au Maroc*, *infra*, p. 183, note 1.

2. « Il y a quatre ans qu'il feust à Sallé » dit Pierre Mazet lui-même, dans une lettre à Richelieu de la fin de 1630, V. *infra*, p. 375.

3. Il est qualifié « marchand françois », dans la Commission de Consul que lui donna Razilly, V. *infra*, p. 318.

4. V. la lettre des esclaves français de Salé, à Razilly, du 9 août 1629, *infra*, pp. 234-235.

5. Lorsque les Salétins voulurent renouer les négociations qui avaient été rompues, ce fut Pierre Mazet qu'ils chargèrent d'écrire à Razilly. V. *infra*, p. 315, *Relation dite de Jean-Armand Mustapha*.

6. V. la trêve entre la France et Salé. *infra*, p. 294.

partie de la cargaison d'un navire capturé par Razilly le 3 octobre 1630 et qui appartenait aux juifs Pallache [1]. Contre livraison des marchandises qui lui étaient laissées en charge, Pierre Mazet signa une promesse de 28 886 livres [2]. En outre, pour quelque motif que nous ignorons, il souscrivit à Du Chalard un engagement de 2 099 livres [3].

Après le départ pour la France du chevalier de Razilly (12 octobre 1631) [4], Pierre Mazet remplit avec zèle ses fonctions de consul; il vivait en bons termes avec Mohammed ben Abd el-Kader Ceron, gouverneur de la Kasba, et Abdallah ben Ali el-Caceri, le chef de Salé-le-Neuf, qui faisaient tous deux droit à ses réclamations en faveur des Français illégitimement capturés ou en butte à des vexations. Néanmoins Pierre Mazet, dans ses lettres à Richelieu, demandait avec instances le renvoi de Razilly au Maroc pour négocier la mise en liberté de nos compatriotes détenus en captivité [5].

Tandis que Pierre Mazet faisait ainsi acte de consul à Salé, il apprit que, depuis près d'un an, un autre Marseillais avait été pourvu de l'office qu'il occupait. En effet, dès le 30 novembre 1629, le secrétaire d'État Bouthillier avait nommé consul à Salé et à Tétouan le sieur André Prat [6]. Cette nomination avait dû passer inaperçue et il semble même qu'elle ait été ignorée du cardinal de Richelieu, puisque c'est en vertu d'un pouvoir délivré par celui-ci que Razilly avait donné à Mazet ses lettres de provision. Toutefois le sieur André Prat, bien que ne se rendant pas au Maroc et n'y envoyant personne pour tenir sa charge [7], ne laissa pas de prétendre les droits de consulat [8], ce dont Mazet se plaignait amèrement [9]. Le

1. Sur cette capture, V. *infra*, Introduction critique, *Les Relations de la France avec le Maroc*, pp. 391-392.

2. V. *infra*, p. 510, *Mémoire de P. Du Chalard*.

3. V. *infra*, p. 511, *Mémoire de P. Du Chalard*.

4. V. *infra*, p. 329, *Relation dite de Jean-Armand Mustapha*.

5. V. *infra*, pp. 369-373, *Lettre de Pierre Mazet à Richelieu*, 10 février 1631.

6. Cette nomination de André Prat le 30 novembre 1629 semble avoir été faite par Bouthillier d'une façon un peu précipitée. En effet la trêve avec les Salétins autorisant l'établissement d'un Consul à Salé avait été signée le 2 octobre 1629, et c'est le 25 novembre 1629 que Razilly revenu en France, en informait Richelieu.

7. V. *infra*, p. 375.

8. V. *Ibidem*. — Les Prat avaient la prétention de percevoir les droits consulaires au départ même de Marseille. Henri Prat, fils et successeur d'André, fut débouté de cette prétention par arrêt du Conseil du 23 mars 1672. V. *2e Série*, France, à cette date.

9. V. *infra*, p. 373, *Lettre de P. Mazet à Richelieu*, 10 février 1631.

conflit aurait pu devenir aigu, sans le traité du 15 septembre 1631 passé avec le chérif Moulay el-Oualid. En vertu de l'article VIII de cet accord, les Français étaient autorisés à établir des consuls dans tous les ports du Maroc, où bon leur semblerait[1]. C'est ainsi que André Prat fut confirmé à Salé, Mazet fut nommé à Merrakech et le s' de Bourgaronne à Safi. En outre, Mazet nomma un correspondant à Sainte-Croix (Agadir)[2]. En fait, Mazet resta à Safi. Dans les documents, il est appelé « le consul de Saffy »[3], ce qui semble indiquer que Bourgaronne était sous ses ordres.

Très zèlé comme on l'a vu dans la défense des captifs français, le consul Pierre Mazet ne semble pas avoir été à l'abri de tout reproche dans sa gestion financière. En 1631, il n'avait pas encore remboursé les 28886 livres dont il était redevable. C'est pourquoi en 1632 Du Chalard envoya à Safi le s' Julien Du Puy pour en opérer le recouvrement. Celui-ci, dès son arrivée, constata « le mauvais mesnaigement du bien d'aultruy par le s' Mazé et Bourgaronne ». Il dut s'acheminer à Merrakech, où se trouvait alors Pierre Mazet, venu pour réclamer du Chérif la mainlevée de deux tartanes provençales capturées à Sainte-Croix. Moulay el-Oualid accueillit fort mal le consul : il se plaignit de l'attitude du roi de France, qui ne lui avait pas envoyé la ratification du traité de 1631, alors que lui, il avait mis en liberté tous les captifs français. Du Puy tenta vainement de faire entendre raison au Chérif, lui expliquant que tous les torts venaient du juif David Pallache qui avait été chargé d'apporter au Maroc la dite ratification[4]. Mazet offrit « sa teste à mercy » que, si le s' Du Puy rentrait en France pour exposer la situation, le roi de Maroc recevrait satisfaction dans six mois[5]. Mais les Pallache avaient momentanément circonvenu le Chérif : le consul, s'étant présenté au makhzen pour demander le congé de Du Puy, on lui fit savoir de la part de Moulay el-Oualid qu'il eût à payer 70 000 onces pour semblable somme qu'il avait reçue de Razilly et de P. Du Chalard en marchandises prises aux Pallache en 1630.

1. V. le texte de cet article, *infra*, p. 409.

2. V. *infra*, p. 434, *Gazette de France*, 19 novembre 1631.

3. V. *infra*, p. 510, *Mémoire de P. Du Chalard*.

4. V. *infra*, pp. 441-444, *Lettre de Julien Du Puy à Du Chalard*, 2 février 1633.

5. V. *Ibidem*, p. 443.

Mazet protesta, invoquant l'article 1er du traité du 15 septembre 1631, portant que tous les faits antérieurs à l'accord seraient oubliés, ainsi que les restitutions déjà faites aux Pallache[1]; il fut arrêté néanmoins et jeté en prison[2]; quelques jours après Julien Du Puy subissait le même sort.

La captivité de Pierre Mazet se prolongea ; il était encore en prison lors du départ de Merrakech du capitaine Cabiron le 7 avril 1634[3]. Sa raison ne put résister aux mauvais traitements qu'il eut à subir ; il devint « insensé[4] » ; tous ses biens furent pris et dissipés. Du Chalard ne put en obtenir la restitution, il raconte dans son mémoire qu'en « ayant faict demande audit roy en ce dernier voyage, il n'en a voulu faire aulcune raison[5] ». On ignore quel fut le sort de l'infortuné consul. L'absence de toute démarche faite par Du Chalard au cours de sa mission au Maroc, pour obtenir la liberté du détenu, autorise à croire que Pierre Mazet avait dû mourir à Merrakech avant l'arrivée de l'envoyé de Louis XIII (1635).

De Bourgaronne. — Ce personnage, sur lequel nous manquons totalement de renseignements biographiques, fut nommé consul à Safi par le chevalier de Razilly, en exécution de l'article VIII du traité conclu entre Moulay el-Oualid et Louis XIII le 17 septembre 1631[6]. Sa gestion fut l'objet de critiques de la part de Julien Du Puy, qui, dans une lettre à Du Chalard, parlant des marchandises laissées en 1630 à Pierre Mazet, se plaint du « mauvais mesnaigement du bien d'aultruy par le sieur Mazé et Bourgaronne[7] ».

1. David Pallache, venu à la cour de France en 1631, avait reçu, outre une chaîne d'or valant 2 000 onces, une somme de 6 000 onces argent comptant. On lui avait accordé la restitution de son navire, évalué 40 000 onces, et une licence d'embarquer 3 000 muids de sel qu'il vendit à La Rochelle 6 400 onces. En 1632 on lui remit encore une somme de 6 200 onces. Le tout s'élevait à 60 600 onces. V. *infra*, p. 453, *Relation d'Antoine Cabiron*.

2. V. *infra*, p. 443, *Lettre de Julien Du Puy à Du Chalard*, 2 février 1633.

3. Ainsi qu'on le constate par la mention suivante : « A mon despart de Marroques, payé..... à l'apoticaire Bodier pour achepter des medicamens pour purger sieur Pierre Mazet, v ducats ». V. *infra*, p. 466, *Compte d'Antoine Cabiron*.

4. V. *infra*, p. 511, *Mémoire de P. Du Chalard*.

5. V. *Ibidem*.

6. Cf. *infra*, p. 409.

7. Cf. *Ibidem*, p. 434. Les notes 3 de la page 434 et 2 de la page 442 se renvoyant l'une à l'autre sont erronées

JULIEN DU PUY. — Il fut envoyé à Safi par Du Chalard en 1632 pour réclamer à Pierre Mazet les fonds provenant de la vente de marchandises qui avaient été laissées en compte à cet agent[1]. A son arrivée il constata « le mauvais mesnaigement du bien d'aultrui » qu'avait fait Pierre Mazet et il dut se rendre à Merrakech pour tenter de recouvrer au moins en partie les sommes qu'il avait charge de recevoir[2]. Mais Pierre Mazet fut arrêté dans cette ville par le Chérif, qui retint Du Puy à Merrakech, lui refusant son congé sous prétexte qu'il n'avait pas apporté la ratification du traité de 1631. Arrêté à son tour par Moulay el-Oualid[3], il fut battu et subit tant de tortures qu'il abjura sa foi et se fit musulman[4].

VOITURE. — Par suite de quelles circonstances, l'oracle des Précieuses, l'épistolier de l'hôtel de Rambouillet avait-il été amené au Maroc? Attaché à la fortune de la maison d'Orléans, Voiture avait accompagné en Espagne Mr Du Fargis que Gaston d'Orléans, après la défaite de Castelnaudary (1er septembre 1632), envoyait faire des ouvertures au comte d'Olivarès. Malgré les succès personnels du diplomate improvisé, la mission traîna en longueur, et Voiture, qui avait hâte de se rapprocher de ses belles amies, attendait avec impatience le moment d'être remplacé. Enfin le 14 mai 1633, l'arrivée de Mr de Lingendes lui permit de quitter Madrid. Il n'avait pas le goût des voyages et prenait fort peu de plaisir « à courre », mais, craignant les dangers auxquels l'exposait un voyage à travers la France pour rejoindre le remuant Gaston, qui s'était réfugié à Bruxelles, il se décida à s'embarquer à Lisbonne et s'y rendit par Grenade, Séville et Gibraltar.

Arrivé en vue de la terre de Barbarie, la fantaisie lui vint de traverser « le Détroit ». Le galant Voiture entrevoyait sans doute les délicieux badinages et toutes les ingénieuses allusions auxquels il pourrait se livrer en envoyant d'Afrique, le pays des lions, de belles phrases à celle qu'il honorait de sa passion, Angélique

1. V. *infra*, p. 510, *Mémoire de P. Du Chalard*.

2. V. *infra*, pp. 441-444, *Lettre de Julien Du Puy à Du Chalard*.

3. V. *infra*, p. 449, *Relation d'Antoine Cabiron*.

4. V. *infra*, p. 511, *Mémoire de P. Du Chalard*.

Paulet[1] surnommée « la lionne », dans la société de l'hôtel de Rambouillet. Il lui écrit de Grenade (juillet 1633) :

J'ay résolu de passer à Ceuta et d'aller voir le lieu de vostre naissance et vos parents qui regnent dans les deserts de ce païs-là. Comme je leur diray de vos nouvelles, je vous supplie très-humblement, Mademoiselle, d'en dire des miennes.....

Le 7 août, Voiture débarqué à Ceuta, raconte à son amie son arrivée sur la terre d'Afrique et continue sa plaisanterie sur les lions, qui, si raffinée qu'elle dût paraître aux précieuses, semble bien peu divertissante à ceux qui sont étrangers aux subtilités de langage de l'Hôtel de Rambouillet.

« Enfin je suis sorty de l'Europe et j'ay passé ce destroit qui luy sert de bornes, mais la mer qui est entre vous et moy ne peut rien esteindre de la passion que j'ay pour vous... Ne vous estonnez pas de m'ouïr dire des galanteries si ouvertement ; l'air de ce païs m'a desja donné je ne sçais quoy de felon qui fait que je vous crains moins, et, quand je traitteray desormais avec vous, faistes estat que c'est de Turc à More...

Je gravay hier vos chiffres sur une montagne qui n'est guere plus basse que les estoilles et j'envoye demain des cartels aux Mores de Marroque et de Fez, où je m'offre à soustenir que l'Afrique n'a jamais rien produit de plus rare ny de plus cruel que vous.

Après cela, Mademoiselle, je n'auray plus rien à faire icy que d'aller voir vos parens... A ce que j'entens, ce sont gens peu accostables ; j'auray de la peine à les trouver. On m'a dit qu'ils doivent estre au fond de la Lybie et que les lions de ceste coste sont moins nobles et moins grands. On en vend icy de jeunes qui sont extremement gentils ; j'ay resolu de vous en envoyer une demi douzaine, au lieu de gands d'Espagne, car je sçay que vous les estimerez davantage, et ils sont à meilleur marché. Tout de bon, on en donne icy pour trois escus qui sont les plus jolis du monde. En se jouant ils emportent un bras ou une main à une personne, et, après vous, je n'ay jamais rien veu de plus agréable ».

Voiture, assez casanier et qui passait autrefois sa vie dans un cercle très restreint, conçoit une grande fierté en se découvrant une

1. Angélique Paulet, née vers 1592 morte en 1651, fille de Charles Paulet, secrétaire de la Chambre du Roi, l'inventeur de l'impôt sur les charges de judicature (la paulette). Cf. Somaize, *Grand dictionnaire des Précieuses*... où elle est désignée sous le nom de Parthenie ; Mademoiselle de Scudéry, *Cyrus*, septième partie, Liv. Ier, et Tallemant des Réaux, *Historiettes*.

âme de voyageur, presque d'explorateur. Un projet de lettre [1] au cardinal de La Valette nous révèle cet état d'esprit.

Monseigneur,

Je ne sçaurais m'empescher de vous escrire, quand ce ne seroit que pour datter ma lettre de Ceuta. Après avoir veu les palais des rois de Grenade et la demeure des Abencerrages, j'ay voulu voir le païs de Rodomont et d'Agramant et connoistre la terre d'où sortirent tous ces grands hommes *che furo al tempo che passaro i Mori d'Africa il mar.*

Si vos inclinations ne sont changées, je sçay, Monseigneur, que vous ne desaprouverez pas cette curiosité et que, dans la felicité où vous estes, il y aura quelques heures où vous envierez la condition d'un banny et d'un miserable. Au cas que j'obtienne un passeport que j'espere de Tetouan, et que les Alarbes qui courent cette campagne ne rompent pas mon dessein, j'auray le plaisir de voir dans quelques jours une ville toute pleine de turbans, un peuple qui ne jure que par Alha, et des Afriquaines qui n'ont rien de barbare que le nom, et lesquelles, malgré le soleil qui les brusle, sont plus belles et plus brillantes que luy. C'est un pays, Monseigneur, où il n'y a point de sottes, de froides ni de cruelles ; elles sont toutes amoureuses, pleines de feu et d'esprit, et — ce que quelqu'un y estimera davantage — elles ne vont jamais à confesse.

Par le contentement que j'auray de voir touttes ces choses, vous pouvez juger, Monseigneur, que ce n'est pas toujours la fortune qui rend les hommes heureux et qu'il n'y en a point de si mauvaise qui n'aye quelques bons endroits, pourveu qu'on les sçache trouver... Il me semble qu'en m'ostant la France on m'a donné le reste de la terre, et que je ne me dois non plus plaindre du destin qui m'en a chassé, que les lethargiques, de ceux qui les pincent et qui les frappent pour les resveiller. Au lieu que je passois ma vie entre dix ou douze personnes, en cinq ou six rues et deux ou trois maisons, changeant maintenant de lieu à toute heure, je vois des montagnes, des deserts et des precipices, des fleurs et des fruits que je n'avois jamais ouy nommer, des peuples differents et des rivieres et des mers qui m'estoyent inconnues. Je change tous les jours de villes, toutes les semaines de royaumes ; je passe en un moment d'Europe en Afrique et j'irois plus aisement à la source du Nil que je n'eusse esté autresfois à celle de Rongis [2].

Mais les projets ambitieux de Voiture ne se réalisèrent pas : il n'alla pas à Tétouan, soit qu'il redoutât les bandes d'El-Ayachi qui

1. Dans sa lettre à Angélique Paulet du 7 août 1633, Voiture dit qu'il a failli « faire une folie » en adressant au Cardinal de la Valette la lettre dont il reproduit le texte. Pour les lettres de Voiture, cf. édition princeps, Paris, 1650.

2. Village à une lieue de Sceaux, dont les eaux étaient amenées à Paris par un aqueduc

battaient l'estrade dans l'Andjera, soit qu'il n'ait jamais eu la ferme intention de s'aventurer au delà du préside espagnol de Ceuta. Avant de quitter la terre africaine, il adressa à « la lionne » plusieurs lionceaux, mais ces jeunes fauves étaient des figurines en cire rouge. Le « poulet » qui accompagnait cet envoi est tout rempli du badinage un peu bouffon qui fait le thème des précédentes lettres. Mais combien plus ridicules encore nous apparaissent les signatures par lesquelles ce « roi de l'esprit » terminait ses lettres : « Voiture l'Africain » et « Léonard, gouverneur des lyons du roy de Marroques » !

ANTOINE CABIRON. — Marin et commerçant, Antoine Cabiron était originaire de Montpellier[1]. Il fut envoyé au Maroc en 1625 par un négociant de Lyon nommé Pierre Orset[2], et s'y lia avec Abraham van Libergen représentant d'une maison de Rouen[3] et grand chasseur comme lui. On trouve dans la relation de Thomas Le Gendre le récit d'une chasse que les deux amis firent dans les environs de Safi et où ils tuèrent quatorze lions et sangliers[4].

Sa connaissance des choses du Maroc le fit choisir en 1635 pour une mission diplomatique à remplir dans ce pays. A cette époque, les bonnes relations entre la France et le Maroc s'altérèrent à la suite d'un incident créé par la fourberie du juif Pallache, incident sur lequel on ne fut bien renseigné en France que par une lettre de Julien Du Puy à Du Chalard[5]. Louis XIII ayant résolu d'envoyer un agent à Moulay el-Oualid pour se plaindre de la conduite de David Pallache et obtenir le châtiment de ce juif, désigna pour cette mission Antoine Cabiron. Ce dernier devait en outre remettre au Chérif un duplicata de la ratification du traité de paix de 1631, pour remplacer celui gardé par Pallache, et demander la mise en liberté des Français capturés depuis le dit traité, ainsi que la restitution de leurs biens[6].

1. V. *infra*, p. 716, *Relation de Thomas Le Gendre*.

2. V. *1re Série*, Pays-Bas, *Lettre des États-Généraux à Moulay Zidân*, 13 mai 1625. Il est du reste bien établi par la relation de Cabiron (V. p. 450) que ce dernier était venu au Maroc et y avait résidé plusieurs années avant sa mission de 1634.

3. V. *infra*, p. 716, *Relation de Thomas Le Gendre*.

4. V. *Ibidem*.

5. Sur cet incident et ses conséquences, V. *infra*, p. 394, Introduction critique, *Les Relations de la France avec le Maroc de 1631 à 1635*. Cf. *supra*, p. LXXXII, Notice sur P. Mazet.

6. V. *infra*, p. 454, *Relation d'A. Cabiron*.

Le capitaine Cabiron se trouvait alors pour ses affaires en Angleterre, à Exeter. Il partit immédiatement pour Paris, puis il alla recevoir les instructions du Roi à Nancy (septembre 1633) et revint à Paris, d'où il gagna La Rochelle. Il mit à la voile le 6 décembre et, après un séjour d'un mois à Madère, il arriva à Safi le 12 février 1634 et à Merrakech le 6 mars. Moulay el-Oualid entra dans une grande colère, quand il fut mis au courant par Cabiron de la conduite de David Pallache. Il reprochait surtout à ce juif — et avec une bonne foi plus ou moins douteuse — d'avoir falsifié la lettre chérifienne et de s'être fait qualifier de « ministre ». Il fit arrêter et jeter en prison Moïse Pallache, frère du coupable. Mais sur les autres objets de sa mission, Cabiron n'obtint que des résultats négatifs. Le Chérif reçut bien la ratification du traité de 1631 et déclara vouloir l'observer, mais il ne voulut pas mettre en liberté les captifs français ni leur restituer leurs biens, avant que ses sujets captifs sur les galères de France n'eussent été mis en liberté. Aussi bien les Pallache avaient desservi le capitaine Cabiron auprès du makhzen, en le donnant comme un cuisinier[1]. On sait que la cour chérifienne était intransigeante sur la question de l'envoi d'un gentilhomme de qualité pour négocier un traité. Cabiron quitta donc Merrakech le 7 avril 1634, s'embarqua à Safi le 30 du même mois, et arriva à La Rochelle le 26 juin 1634.

En 1635, Du Chalard fut envoyé au Maroc pour échanger les captifs appartenant au roi de France et au Chérif et racheter ceux détenus à Salé. Il devait obtenir confirmation du traité de 1631 et le faire accepter par les Salétins. Cabiron faisait partie de ce voyage en qualité de « marchand envoyé par Sa Majesté pour le débit des marchandises à faire valoir[2] », car la somme destinée par le Roi au rachat des captifs avait été convertie en marchandises destinées à être vendues à bénéfice à Salé. En cette qualité, le nom d'Antoine Cabiron figura parmi les signataires de la quittance donnée par les Salétins le 1er octobre 1635[3].

Gaspard de Rastin. — On a vu les difficultés qui s'étaient

1. Cf. *infra*, p. 450, *Relation d'A. Cabiron.*

2. V. *infra*, p. 486, note 3 et Bibl. Nat., *Imprimés, Factum pour escuier Jean du Bouexic*, F³, 17531.

3. V. *infra*, p. 665, *Arrêt du Parlement de Paris*, 7 juin 1653.

élevées entre André Prat et Pierre Mazet, nommés tous deux à moins d'un an d'intervalle (30 novembre 1629 et 3 septembre 1630), consuls à Salé, le premier par le secrétaire d'Etat Bouthillier, le second par Razilly[1]. André Prat s'abstint provisoirement de se rendre au Maroc. Mais lorsqu'en 1634, au retour du capitaine Cabiron, on apprit que, par suite de l'emprisonnement de Pierre Mazet à Merrakech, il n'y avait plus de consul de France au Maroc, il se décida à se faire représenter par un vice-consul et fit choix de Gaspard de Rastin[2].

Celui-ci dut arriver à Salé à la fin de 1634 ou au commencement de 1635. Il s'y trouvait en tout cas au mois d'août 1635, lors du troisième voyage au Maroc de P. Du Chalard et s'employa de son mieux à le seconder dans le rachat des captifs. Il s'obligea même, à la requête du vice-amiral[3] et solidairement avec lui, pour une somme de 5 503 ducats[4] représentant la rançon de quarante captifs, qui ne purent être libérés que par ce moyen. Il resta trois cent trente-trois Français qu'on dut laisser à Salé. Du Chalard promit que le Roi paierait leur rançon fixée à 185 102 livres avant le 30 avril 1636[5], et, sur sa demande, Gaspard de Rastin consentit à se porter caution de ces captifs « en cas qu'ils se sauveroient ou qu'ils mourroient. Moyennant quoy, les Mores hosterent les chesnes ausdits captifs et les laisserent en liberté dans leur ville, travaillans neantmoings au benefice de leurs patrons[6] ».

La date du 30 avril 1636 passa, sans que la rançon vînt de France, et Louis XIII dut demander au Divan de Salé, qui y consentit, de proroger à la fin de l'année 1636 l'échéance de cette obligation[7].

1. V. les notices sur André Prat (p. XCIII) et Pierre Mazet (p. LXXIX).

2. Il avait vraisemblablement été nommé par simple acte notarié, comme le fut plus tard Pierre Citrani « commis pour vice-consul aux parties de Sallé » par Henry Prat, pour trois ans le 9 mars 1650. V. *infra*, Notice sur Citrani, p. C, n. 6. Cf. aussi p. XCVII, n. 1.

3. « A sa prière et requisition », V. *infra*, p. 591, *Lettre de Gaspard de Rastin à Richelieu*, 16 juillet 1639. — Rastin avait joint à sa lettre copie des lettres que Du Chalard lui avait écrites en rade de Salé et des obligations signées par lui-même. V. *Ibidem*.

4. V. *Ibidem*, p. 589.

5. V. *infra*, p. 509, *Mémoire de P. Du Chalard*.

6. V. *Ibidem* et p. 537, *Relation de Jean Marges*. Sur cette réserve qui figurait dans tous les contrats de rachats de captifs, V. *infra*, Introd. crit. *Les ordres rédempteurs et les captifs chrétiens au Maroc*, p. 561 et note 3.

7. Les lettres du Roi aux gouverneurs de

Des évasions se produisirent parmi les captifs français pendant ces délais et eurent une fâcheuse répercussion sur la situation de leur répondant Gaspard de Rastin. Enfin des prises faites par les navires français sur les Salétins achevèrent d'irriter le peuple et le portèrent « à se soubslever contre ledit consul qu'ils vouloient pour lors emprisonner, et lui prindrent tout ce qu'il avoit de marchandises, et, moyennant ce, ledit gouverneur [Abdallah ben Ali el-Caceri] appaisa le peuple[1] ». Dans sa détresse, il s'adressa, par l'intermédiaire de Jean Marges, à Louis XIII et à Richelieu, les priant d'avoir pitié et compassion de lui et de le libérer de ses engagements[2].

Ses obligations en effet ne cessaient de s'accroître, car, tous les jours, il fuyait ou mourait des captifs ; elles s'élevaient de ce chef en 1639 à la somme de 3 237 ducats, non compris les 5 503 représentant la rançon des quarante captifs emmenés par Du Chalard. « Il n'est pas raisonnable, écrivait l'infortuné vice-consul à Richelieu, qu'ayant donné liberté par l'obligation que je passay solidairement avec ledict s[r] Du Chalard à quarante François captifs..., je perde la mienne[3]. »

Le temps s'écoulant sans qu'il fût donné satisfaction au Divan, la position de Gaspard de Rastin à Salé devint de plus en plus critique et, en butte à des vexations continuelles, « voyant que la Cour ne faisoit que luy donner de vaines esperances, il mourut de deplaisir en l'année 1643[4] ».

Jean Marges. — Natif de Marseille, Jean Marges appartenait à une famille de chirurgiens[5] et avait fait des études en vue d'exercer

Salé et à Gaspard de Rastin furent apportées à Salé par une barque que Claude Luguet, commissaire général de la marine, y envoya. *Cf.* 2e *Série*, France, *Mémoire de Henry Prat*, à la date du 8 juin 1669 ; *infra*, p. 537, *Relation de Jean Marges*.

1. V. *Ibidem*, p. 538.

2. V. *Ibidem*.

3. V. *infra*, pp. 584-591, *Lettre de Gaspard de Rastin à Richelieu*, 16 juillet 1639.

4. *Cf.* 2e *Série*, France, *Mémoire de Henry Prat*, 8 juin 1669.

5. Sur son lieu de naissance et sa profession, V. *infra* la supplique à Louis XIII qui termine sa relation p. 549. On trouve en 1634 un Georges Marges et en 1639 un François Marges qualifiés « chirurgiens des hospitaux ». *Archives Communales de Marseille*, *1634*, *f. 199 v°* et *1639*, *f. 103 v°*.

cette profession. Il n'avait pas encore obtenu ses lettres de maîtrise[1], quand il fut emmené au Maroc par Du Chalard, lors de son voyage de 1635. Du Chalard repartit pour la France au commencement de novembre 1635[2], ramenant 304 captifs rachetés, mais laissant à Salé 333 autres prisonniers qu'il n'avait pu libérer, faute de fonds. A son départ il « donna ordre audit Marges de subvenir aux nécessités de maladie ausdits captifs[3] ». La rançon de ces derniers devait être payée avant le dernier avril 1636, mais, à la demande du roi de France, ce délai fut prolongé jusqu'à la fin de cette même année 1636. A cette date, l'argent ne fut pas envoyé.

Le séjour de Jean Marges à Salé fut donc de plus longue durée qu'il ne l'avait pensé. Il donna ses soins non seulement aux captifs français, mais aussi aux Salétins, qui eurent recours à lui, « pour ce qu'ils en avoient besoing pour panser leurs blessés ». Salé fut en effet pendant la première moitié de l'année 1637 en pleine révolution. Jean Marges, témoin des événements troublés qui se déroulèrent dans cette république de pirates[4], en a laissé une relation intéressante.

Cependant les bonnes relations entre la France et Salé s'altérèrent à la suite des retards successifs apportés au payement de la rançon des captifs. L'évasion de vingt-cinq d'entre eux et la capture par les vaisseaux français de quelques navires salétins achevèrent d'irriter la population contre le vice-consul Rastin et Jean Marges. Ils furent néanmoins assez bien traités, tant que Abdallah ben Ali el-Caceri resta à la tête du Divan. Il n'en fut plus de même, lorsque ce dernier fut déposé, et Marges dut chercher une occasion « pour eschapper le danger de demeurer captif ». Moyennant une somme de cent ducats qu'il donna aux membres du Divan, il obtint l'autorisation de s'embarquer, et prit passage, le 6 juillet 1637, à bord d'un navire marchand anglais qui était mouillé devant Salé. Le navire dut quitter

1. V. *infra*, p. 549.

2. La date du départ de Du Chalard de Salé est fournie par le fait que le délai de six mois pour le payement de la rançon des 334 captifs laissés à Salé expirait le 30 avril 1636 (V. *infra*, p. 509, *Mémoire de P. Du Chalard*). La convention passée à ce sujet entre les gouverneurs de Salé et ce dernier fut donc conclue vers le 31 octobre 1635.

3. V. *infra*, pp. 536-549, *Relation de Jean Marges*.

4. Sur ces événements, outre la Relation de Jean Marges déjà citée, V. *infra*, Introduction critique, *Les Moriscos à Salé et Sidi el-Ayachi*, pp. 196-197.

Salé à la fin de juillet, se rendant à Sainte-Croix (Agadir) pour y faire sa traite. Marges profita de cette relâche pour aller visiter le marabout Sidi Ali, qui exerçait alors dans le Sous et le Draa un pouvoir royal[1]. Le marabout le reçut courtoisement et lui témoigna désirer l'amitié du roi de France, le priant de faire entendre à Louis XIII que « ses subjets pouvoient avec toutte asseurance venir traiter en ses terres ».

Le 15 août 1637, le navire anglais quitta Sainte-Croix et arriva le 26 à Funchal (île de Madère). Le gouverneur espagnol ayant fait procéder à la visite, Marges « lequel, pour n'estre descouvert, avoit pris l'habit d'un matelot » fut reconnu comme Français et arrêté un peu arbitrairement[2], car on se contenta de lui déclarer que « puisqu'il avoit esté esclave en Barbarie, il le pouvoit bien estre autre fois à Madere ». On lui avait enlevé préalablement « trois cens de plumes d'austruche fines à luy apartenans ». Sur le conseil de quelques marchands, « il se feignit pauvre et necessiteux », et au bout de deux mois, le 15 octobre 1637, on le relâcha, voyant qu'il n'y avait pas de rançon à espérer de lui. Il s'embarqua le même jour sur un autre navire anglais qui l'amena à Londres. Pendant son séjour dans cette ville, il fut témoin de la réception de l'ambassadeur marocain Djouder ben Abdallah[3].

Revenu en France[4], Jean Marges adressa au roi un rapport sur son voyage. Il donnait son avis sur la politique à suivre au Maroc et les moyens à employer pour retirer de Salé le vice-consul Rastin ainsi que les prisonniers français. Puis, exposant les services qu'il avait rendus aux captifs pendant son séjour à Salé, « où il a employé tant en leur nourriture que médicamens, outre ses soings, presque tout son bien », la prison qu'il avait subie à Madère et les pertes qu'il y avait faites, les dépenses que lui occasionnerait son retour à Marseille, il terminait par cette supplique : « Il plaise à Sadite Majesté luy octroyer lettres de mestrise pour pouvoir praticquer sa

1. Sur ce marabout, V. *infra*, p. 573, note 3.

2. La guerre existait entre la France et l'Espagne depuis le 19 mai 1635.

3. Sur cette réception, V. 1re *Série*, Angleterre, novembre 1637.

4. Nous ne pouvons fixer exactement la date du retour en France de Jean Marges, mais il eut lieu certainement après le 15 novembre 1637, date de la réception de l'ambassadeur marocain par le roi d'Angleterre. V. *infra*, p. 546 et note 4.

vacation de chirurgien dans ladite ville de Marseille, lieu de sa naissance, sans estre subjet à passer par les formes ordinaires qui se observent en ladite ville, qui se font avec de grandz fraix, lesquels il ne pourroit supporter pour avoir tout consommé audit voyage[1] ».

ANDRÉ PRAT. — On a vu avec quelle hâte Bouthillier, secrétaire d'État aux Affaires Étrangères, avait donné, le 30 novembre 1629, à André Prat, négociant marseillais, la « provision du consulat pour la nation françoise au païs de Toutouan et ville de Sallé[2] », et le conflit qui en était résulté avec Pierre Mazet, que Razilly, muni des pouvoirs du Roi et du cardinal de Richelieu, avait nommé à ce même office, le 3 septembre 1630[3]. André Prat ne chercha pas d'ailleurs à rejoindre son poste ; il resta à Marseille, se contentant de percevoir les droits de consul au départ des navires de ce port, ce qui amena les protestations de Pierre Mazet[4]. Ce fut seulement en 1634 ou 1635, après l'arrestation à Merrakech de son concurrent, qu'il se décida à envoyer à Salé pour exercer sa charge le vice-consul Gaspard de Rastin. On connaît les tribulations par lesquelles passa ce malheureux agent, pour avoir servi de caution aux captifs laissés à Salé par Du Chalard, et les vexations qu'il eut à endurer par représailles des Salétins pour leurs navires capturés par les Français.

A la mort de Rastin, survenue en 1643, la situation des Français à Salé était mauvaise ; les Salétins reprochaient à la cour de France de n'avoir pas rempli les engagements contractés par Du Chalard pour le rachat des captifs, et le commerce était interrompu par des actes réciproques d'hostilité. André Prat jugea nécessaire d'aller lui-même au Maroc pour arranger les choses, et il s'y rendit en 1643 avec son fils Henri[5].

Salé était depuis 1641 sous l'autorité du marabout de Dila

1. V. *infra*, p. 549, *Relation de Jean Marges*.

2. V. les provisions d'André Prat, *infra*, p. 273.

3. V. la commission de consul pour Pierre Mazet, *infra*, pp. 318-319.

4. V. extrait de lettres de P. Mazet des 13 et 22 octobre, du 15 décembre 1630, et du 10 février 1631, *infra*, pp. 375-376.

5. Cf. 2e *Série*, France, *Mémoire de Henri Prat* à la date du 8 juin 1669. Dans ce mémoire Henri Prat se met seul en scène et passe sous silence le rôle joué par son père.

Mohammed el-Hadj[1] (le Ben Boucar des relations contemporaines). André Prat sut le gagner par des présents habilement placés ; il lui fit comprendre combien il serait préférable pour les Salétins de renoncer à des engagements remontant à près de dix ans et de renouer des relations commerciales avec la France. « On déchira, écrit son fils, toutes les promesses et on n'a pas depuis ouï parler de cette affaire ». Deux arrangements vinrent sanctionner les résultats obtenus. En 1645 A. Prat passa un traité avec les gouverneurs de la ville et château de Salé « pour l'establissement du négoce de France et des villes de Salé et Tetouan ». Enfin le 11 mars 1646 fut signé un « traitté et capitulation faite entre lesdits gouverneurs et administrateurs pour le sieur Sidi Mahamé & Lach Bembourquer et ledit André Prat pour le trafic en ladite ville de Salé[2] ».

Bien que ces accords eussent été conclus par le consul sans mandat officiel et à titre personnel, ils suffirent néanmoins à ramener le calme à Salé. « Depuis, écrit Henri Prat, les François et autres negocians et trafficandz soubz la bannière du Roy y sont allés jusques à présent avec toute la liberté, sans y avoir eu jamais aucune advanie à leurs biens ny religion[3] ».

André Prat rentra en France en 1648[4] et se démit volontairement de sa charge en faveur de son fils Henri, qui, par lettres patentes du 20 octobre 1648, fut nommé consul à Salé et Tétouan.

François de Boyer, sieur de Bandol. — L'habitude de considérer les consulats comme une propriété personnelle dont on pouvait déléguer les fonctions à un vice-consul, tout en gardant pour soi la plus

1. Sur ce personnage et son rôle à Salé, V. *infra*, pp. 580-583, Introduction critique, *La zaouïa de Dila et la chute de la dynastie saadienne*.

2. Ces renseignements sur les traités de 1645 et 1646 sont fournis par un arrêt du Conseil du 25 mai 1664. V. Arch. Nat. *Marine* A[1] *VI*. — Henri Prat, dans son mémoire de 1669 précédemment cité, s'attribuant le rôle de négociateur dans ces traités, écrit : « Je fis ceste negociation avec les gouverneurs du pays en forme de capitulations et dont les articles seroient trop longs à deduire ».

3. V. 2e *Série*, France, *Mémoire de Henri Prat*, 8 juin 1669.

4. La présence de André Prat à Salé à la fin de l'année 1647 est constatée par des documents officiels. C'est lui qui fut chargé de régler avec le gouverneur de Salé l'affaire de la saïtie génoise qui apportait les marbres destinés aux mausolées de Louis XIII et de Richelieu et qui avait été capturée par les Salétins. V. *infra*, lettre de A. Prat à Lanier du 11 décembre 1647, Doc. CXVII, p. 637. Cf. aussi *lettres de Lanier à Mazarin* des 22 octobre et 30 décembre 1645 Doc. CXIV, p. 635 et CXVIII, p. 638.

grande partie des profits, eut pour conséquence de faire nommer parfois à ces offices des enfants en bas âge[1]. C'est ainsi que Jules de Boyer[2], sieur de Bandol, gentilhomme de la Chambre et capitaine-lieutenant de la galère du cardinal Mazarin, obtint, en récompense de ses services, la création en faveur de son fils François de Boyer, âgé de douze ans au plus[3], d'un office de « consul de la nation françoise esdits lieux de Saffie, Mogador, Sainte-Croix [Agadir] et la coste tirant du coté de midy à la coste de Feiz[4] ». Les lettres patentes furent signées le 29 mars 1647.

Le Maroc, à cette époque, échappait de plus en plus à la dynastie saadienne[5], et André Prat, titulaire du consulat de Salé et Tétouan, se trouvait en fait accrédité auprès du puissant marabout de Dila[6], Sidi Mohammed el-Hadj. La France n'avait aucun agent pour protéger son commerce et sa navigation dans le Maroc du sud, aussi bien dans les provinces relevant encore du chérif Moulay Mohammed ech-Cheikh *el-Aseghir*, que dans le Sous, où dominait le marabout Sidi Ali ben Mohammed[7]. C'est sans doute cet état politique du Maroc qui motiva la création du nouveau consulat comprenant Safi, Mogador et Sainte-Croix, « quoyque le consulat de Fez et de Maroc », ainsi que le remarque P. Ariste, « eust toujours esté possédé par une mesme personne jusqu'ici[8] ».

Le nouveau poste n'eut qu'une durée éphémère, et François de

1. Alexandre Bernard de Loménie, fils du secrétaire d'État, fut nommé le 30 novembre 1647, à l'âge de sept ans au plus, au consulat du Caire et d'Alexandrie. V. Arch. Aff. Étr., *Turquie, Correspond. pol., vol. 5, ff. 346 et 360.*

2. Jules de Boyer, seigneur de Bendort [*sic*], St Julien, La Pene, Chasteau-Arnoux et autres, capitaine au régiment de Chapes en 1620, l'un des 25 gentilshommes ordinaires de la Chambre du Roy, capitaine lieutenant de la galère du cardinal Mazarin par brevet du Roy de l'an 1645. Il fut syndic de la noblesse, de laquelle charge il se démit en 1664. Il mourut l'an 1676 et avait épousé en 1634 Éléonor de Foresta. Cf. *Bibl. Nat., Cabinet des Titres, Dossiers bleus, vol. 127, cote 3166*, et *Carrés d'Hozier, vol. 127, f° 200.*

3. V. note ci-dessus. François de Boyer, dont le père s'était marié en 1634 avait au plus douze ans en 1647.

4. V. *infra*, p. 613, *Provisions de consul pour François de Boyer.*

5. V. *Carte politique du Maroc en 1660*, Pl. V, p. 608 et Introduction critique, *La Zaouïa de Dila et la chute de la dynastie saadienne*, pp. 572-583.

6. V. *Ibidem.*

7. V. *infra*, p. 573, note 3.

8. V. *Traicté des consulz de la nation françoise aux pays estrangers... par P. A[riste], conseiller du Roy en ses conseilz, cy-devant principal commis de M. le comte de Brienne.. 1667*, Bibl. Nat. *Ms. fr. 18595 p. 98.*

Boyer ne tira pas grand revenu de son titre. « En consequence de ce tiltre », écrit le même auteur en 1667, « il [François de Boyer] avoit commis une personne pour aller faire cet establissement. Mais jusques à present on n'en a retiré aucune utilité, pour le peu de communication et de commerce que nous avons avec les gens de ce pays-là[1] ».

François de Boyer ne persévéra pas dans la carrière consulaire. Conseiller au parlement d'Aix de 1665 à 1675, il fut nommé en 1675 président de la cour des comptes.

Henri Prat. — Il avait accompagné au Maroc en 1643 son père, avec lequel il avait résidé quatre années à Salé. Revenu avec lui à Marseille à la fin de 1647 ou au commencement de 1648, il lui succéda comme consul de Salé et de Tétouan. Ses lettres de provision, datées du 20 octobre 1648, furent enregistrées par le parlement de Provence le 20 janvier 1649[2].

Les lettres de provision portaient qu'Henri Prat aurait à prêter serment à M. de La Haye-Ventelet, ambassadeur à Constantinople, et à ses successeurs, qui devaient le mettre en possession de la dite charge et le faire jouir des prérogatives y attachées. Le consulat de Salé et de Tétouan était ainsi assimilé aux consulats du Levant et, à ce titre, dépendait de l'ambassade de Constantinople[3]. Le nouveau consul, aux termes de ses lettres patentes, était autorisé à « commettre et subdeleguer pour vice-consul en son lieu et place ez dites villes de Totoan et Sallés, à tel personnage qu'il advisera, duquel il nous demeurera responsable, auquel seront expediées nos lettres patentes de commission à cet effet ». Cette réserve avait été insérée dans le but de réglementer la nomination des vice-consuls. Elle ne fut d'ailleurs pas observée par Henri Prat, qui depuis 1648 ne retourna pas au Maroc et s'y fit représenter par des délégués nommés

1. V. *Ibidem.*

2. V. *Arch. Nat., Marine, A¹ VI, Arrêt du Conseil du 25 mai 1664.*

3. En 1617 Harlay de Sancy, ambassadeur de France à Constantinople, avait fait des démarches en vue de se « faire expedier lettres du consulat pour la nation françoise à Marrok et à Fess et terres en deppendantes avec les mesmes droits des consulats du Levant... » Il offrait quatre mille francs de cette charge V. *infra*, Doc. III, p. 7.

par simple acte notarié, alléguant que tel était l'usage dans le Levant[1].

C'est ainsi que le 9 mars 1650, par devant Gabriel, notaire, Pierre Citrani, marchand de Marseille, fut nommé vice-consul « aux parties de Tetouan et de Sallé » pour la durée de trois années. Henri Prat, n'ayant pas été satisfait de la manière dont Citrani administrait les intérêts qu'il lui avait confiés, le révoqua, par acte du 13 janvier 1653, et, par un autre acte du même jour, nomma en son lieu et place Antoine Julien-Parasol. Il en résulta un procès qui ne se termina qu'en 1660[2].

Ce fut au cours de la gestion d'Henri Prat que les religieux récollets tentèrent d'installer à Sallé une chapelle consulaire, ainsi qu'ils l'avaient fait dans les consulats du Levant pour le service des chrétiens[3]. Le consul, âpre au gain, refusa de faire les frais de leur entretien et de la construction d'une chapelle. Sur la plainte des marchands et des esclaves, Louis XIII, par lettre du 28 janvier 1652, lui ordonna « de donner à deux desd. religieux recolectz, missionnaires, un lieu propre et commode pour faire leurs fonctions spirituelles comme chappelains de Salé et de Toutouan », et de leur fournir « les choses qui seront necessaires pour leur entretien jusques à la somme de quatre cens livres ». Le P. Félix Chevalier et son compagnon étaient porteurs du présent ordre « auquel Sa Majesté enjoinct très-expressément à son consul de se conformer, sous peine de perdre sa charge[4] ». Henri Prat dut s'exécuter; une chapelle fut construite dans le logis du vice-consul Parasol ; elle était terminée en 1654[5], et le culte catholique y était célébré régulièrement.

1. V. dans l'arrêt du Conseil du 25 mai 1664 (Arch. Nat. *Marine A¹ VI*) une attestation du 6 février 1664, signée, entre autres, par les consuls de Saïda, d'Alep, de Négropont, de Smyrne et autres, qui résidaient à Marseille, et non sur les lieux, portant que « les consuls qui exercent les consulats et vice-consuls ne font aucune procedure par escrit touchant ladite installation, mais seulement, après avoir les consuls en tiltre monstré les provisions qu'ils avoient de Sa Majesté, ou les vice-consuls celles que les titulaires des consulats leur délivrent originairement par main de notaire, ils prennent possession des consulats sans authorité ni formalité de justice, et sans prendre aucun acte de ladite installation ».

2. Sur les rapports de Prat avec Citrani, V. *infra*, p. C, la notice de ce dernier.

3. V. *infra*, p. 646, note 2.

4. V. *infra*, p. 645, *Ordre de Louis XIV à Henri Prat.*

5. V. *infra*, p. 646, note 3.

En dehors de cette affaire, le consulat de Henri Prat fut marqué par de longs démêlés avec les marchands français pour les contraindre à acquitter le droit de 2 pour cent sur la valeur des marchandises[1]. Il semble que le consul soit arrivé à ses fins avec les négociants de Marseille ; il avait là au moins la possibilité de percevoir les droits au départ des navires. Avec les trafiquants de La Rochelle, il éprouva au contraire de grandes difficultés et dut finalement (20 février 1660) poursuivre les délinquants devant le conseil du Roi. Cette cour rendit son arrêt à Paris le 25 mai 1664. Les défendeurs étaient condamnés à payer au demandeur « tous les droits du consulat de Toutouan et Sallé pour les marchandises qu'ils ont dechargées et chargées aux ports desdits lieux, à raison de deux pour cent du prix d'icelles et continuer à l'advenir sur le même pied... »[2].

Henri Prat, toujours résidant à Marseille, continua de faire remplir sa charge par des vice-consuls. On trouve successivement Antoine Julien-Parasol[3] (1653-?), François Julien (?-1669), Antoine Reymond (1669-1679) et Pierre Gautier (1679-1680) « homme pauvre » qui avait été serviteur du précédent.

Pour ce qui est de Tétouan, il est difficile de préciser à partir de quelle époque il y eut dans ce port un vice-consul spécial. On trouve à ce sujet dans un mémoire du temps la mention suivante ; « Le consulat de Tetuan en Afrique, que l'on dit appartenir au s^r Prat, de Marseille, a esté regi plusieurs années par les vice-consuls et commissionnaires qu'il y a establis[4] ». Le premier agent que nous connaissions dans ce port est un nommé Cheillan, dont la

1. Ce droit de 2 pour 100 était perçu depuis un temps immémorial, mais il n'était fixé par aucune ordonnance. Il se prouvait par attestation. On en trouvera une citée dans l'arrêt du conseil du 25 mai 1664 (Arch. Nat., *Marine*, *A*¹ *VI*) où « plusieurs capitaines, escrivains de vaisseau et marchands françois qui auroient trafiqué en Levant » certifient « comme de tout temps la coustume a esté de payer aux consuls establis par Sa Majesté aux eschelles de Levant le droit de deux pour cent de toutes les marchandises qui sortent dudit pays ».

2. V. Arch. Nat., *Marine*, *A*¹ *VI*.

3. V. *infra*, p. CII, la notice sur Antoine Julien-Parasol. — Pour les autres vice-consuls, leur biographie sera donnée dans le dernier volume de la 2e *Série*, France, avec un degré d'exactitude qui ne saurait être atteint en l'état actuel de nos connaissances.

4. V. 2e *Série*, France, *Mémoire sur le consulat de Tétouan*.

présence est constatée à Tétouan le 6 juin 1651[1], sans que l'on puisse préciser si à cette date il portait le titre de vice-consul. Cheillan eut pour successeur son fils Antoine Cheillan « qui, en l'an 1666, renia la foy catholique pour se faire maure[2] ». Le poste étant devenu ainsi vacant, Henri Prat y envoya pour vice-consul un s^r^ Semion « homme qui ne sçait ni lire ni escrire, qui ne fait à Tetouan que fort peu de séjour et lequel n'a aucune qualité propre pour faire cette fonction[3] ».

Les délégués de Henri Prat, à Salé comme à Tétouan, n'étaient plus, ainsi qu'on le voit, à hauteur de leur situation : le titulaire de ce double consulat ne l'avait lui-même jamais été. Henri Prat ne voyait dans son office qu'une source de revenus qu'il exploitait de Marseille, au mieux de ses intérêts, ne rendant aucun service aux marchands qu'il pressurait et ne correspondant même pas avec le ministre[4]. L'arrivée de Colbert au pouvoir changea cette situation. Prat dut adresser, le 8 juin 1669, un rapport sur son administration[5]. Les commerçants de Marseille firent entendre leurs légitimes plaintes. Le 23 mars 1672, le conseil d'État saisi rendit l'arrêt suivant : « Le Roy étant informé que Henry Prat, habitant de la ville de Marseille, propriétaire du consulat de la nation française à Salé et Tetouan, veut obliger les marchands et patrons de barques qui trafiquent à la côte de Barbarie de lui payer en la ville de Marseille le droit de deux pour cent attribué audit consulat, quoi qu'il ne fasse aucune résidence sur les lieux, ny ne les serve en rien de son ministere, même, sur les contestations qui surviennent pour raison de ce, il les veut obliger de proceder au Conseil, ce qui les consomme en frais, et d'ailleurs l'intention de Sa Majesté étant que les propriétaires des consulats exercent eux-mêmes en personne sur les lieux ; a quoy étant nécessaire de pourvoir, Sa Majesté, étant en son conseil, a fait expresse deffense audit Prat de faire la levée dudit

1. Il est mentionné dans l'arrêt du Parlement de Provence du 30 juin 1660, entre Citrani et Prat. V. *infra* la notice de Citrani.

2. V. 2e *Série*, France, *Mémoire sur le consulat de Tétouan.*

3. V. *Ibidem.*

4. Il y avait en 1669 quarante ans que le consulat de Salé et Tétouan était dans la famille des Prat et, pendant ce laps de temps, on ne trouve aucune lettre adressée par ces agents au secrétaire d'État.

5. V. 2e *Série*, France, t. I, *Lettre de Henri Prat à Colbert*, 8 juin 1669, et le *Mémoire* qui y est joint.

droit de deux pour cent en la ville de Marseille, sur les marchands et patrons qui trafiquent dans ledit consulat de Salé et Tetouan, ny de faire aucunes poursuites contre eux audit conseil...[1] ».

En même temps Henri Prat reçut de Colbert l'ordre « de le tenir averti de tout se quy se passe de considerable audict pays ». Le consul accusa réception de cette dépêche le 24 mai 1672[2], mais il ne se conforma pas plus que par le passé à cette prescription: il n'écrivit pas davantage au ministre et continua de résider à Marseille, dont il fut même échevin en 1676 et 1677[3]. Ces abus ne devaient prendre fin qu'en 1682. Pierre Gautier ayant été expulsé de Salé par les autorités du pays en 1680, y fut rétabli la même année comme consul par le chef d'escadre Château-Renaud, et s'y maintint malgré Henri Prat. Colbert fit alors défense à ce dernier d'envoyer un vice-consul à Salé; puis, sans même le révoquer, il profita de l'ambassade de Mr de St Amand[4] (1682) pour le remplacer en 1683, à la fois à Tétouan et à Salé[5]. Henri Prat se trouva ainsi dépossédé en fait du double consulat dont il touchait les revenus depuis près de trente-cinq ans.

PIERRE CITRANI. — Il est qualifié « escuier de la ville de Marseille[6] ». Henri Prat, consul en titre de Salé et de Tétouan, l'ayant choisi pour le représenter comme vice-consul dans ces deux

1. V. 2e *Série*, France, t. I, *Arrêt du conseil d'État*, 23 mars 1672.

2. V. 2e *Série*, France, t. I, *Lettre de Henri Prat à Colbert*, 24 mai 1672.

3. Cf. Arch. des Aff. Étr., *Correspondance consulaire, Chambre de commerce de Marseille, Vol. I, ff. 111, 119*, deux lettres de 1676 et *fo 126* une lettre de 1677, où Henri Prat signe en qualité d'échevin de Marseille.

4. V. 2e *Série*, France, les lettres de St Amand à Colbert et à Seignolay (juin 1682-juin 1684).

5. Ce fut un sr Boyer que St Amand installa provisoirement comme consul à Tétouan, pendant son séjour dans cette ville (2 octobre-11 novembre 1682). Enfin par lettres de provision datées du 1er avril 1683, le sr Jean Perillier de Marseille fut nommé « consul de la nation françoise à Salé et Tétouan en Barbarie » pour une durée de trois années à courir du 1er février 1684. V. 2e *Série*, France, t. I, à la date du 1er avril 1683.

6. Les renseignements sur Pierre Citrani sont tirés de l'arrêt du Parlement d'Aix du 30 juin 1660, entre Citrani et Prat (Arch. départ. des Bouches-du-Rhône, *section d'Aix. Série B, Parlement, Registre des arrêts à la barre du 23 mai au 30 juin 1660*), et aussi de l'arrêt du 18 janvier 1653 de la même Cour, enjoignant aux marchands français de ne reconnaître pour vice-consul à Salé et Tétouan que le sr Antoine Julien-Parassol (*Ibidem, Registre des arrêts à la barre de janvier-février 1653*).

villes, le nomma à ces fonctions pour une durée de trois années, par acte notarié du 9 mars 1650. Citrani, conjointement à sa mission, acceptait de gérer les intérêts des Prat au Maroc.

Il arriva à Salé le 7 juin 1650[1]. Ses débuts furent difficiles : les Salétins ayant refusé de le reconnaître, il fut obligé de présenter une requête au gouverneur de la place pour être admis en qualité de vice-consul. Ce ne fut que le 6 juin 1651 qu'une ordonnance fit cesser sa fausse situation. Pendant cette année d'attente, Citrani ne fut pas autorisé à débarquer les marchandises dont il avait accepté la charge. Ses instructions portaient bien qu'au cas où il rencontrerait des difficultés à Salé, il devrait aller vendre son fret à Safi ou à Sainte-Croix, mais il ne fut probablement pas libre de ses actions.

A Marseille, Prat et ses associés, s'étonnant du retard apporté à leurs opérations commerciales, dépêchèrent à Salé le 17 février 1651 André Prat, frère d'Henri, avec une procuration pour aller recouvrer les fonds. Une partie de marchandises put être vendue, l'autre dut être renvoyée en France et, somme toute, l'affaire ne rapporta aux intéressés qu'un fort médiocre bénéfice. André Prat donna quittance à Citrani le 17 juin 1651. Le vice-consul se contenta par la suite de percevoir purement et simplement les droits de consulat, qu'il remit le 30 août et le 15 novembre 1652, aux mandataires envoyés à Salé par Henri Prat. Telle n'était pas la manière dont celui-ci entendait que ses intérêts fussent gérés : Citrani devait d'après lui employer « sur les lieux lesdits droits de consulat et autres proffits en achept de merchandises ».

C'est pourquoi Henri Prat, par acte notarié du 13 janvier 1653, révoqua « la commission de la charge de vice-consul aux parties de Toutouan et Sallés » qu'il avait donnée à Citrani le 9 mars 1650. En même temps il fit choix pour remplacer ce dernier du s[r] Antoine Julien-Parasol. Une commission notariée lui fut délivrée et le 28 janvier 1653 le Parlement d'Aix rendit un arrêt enjoignant aux marchands français de ne payer les droits de consulat qu'au susdit Parasol et non à un autre.

1. Il ne semble pas qu'entre la date du retour des Prat, père et fils, à Marseille (fin 1647 ou commencement 1648) et la date de l'arrivée de Citrani (7 juin 1650), il y ait eu à Salé un agent français ayant le titre de vice-consul.

Ce fut Parasol lui-même qui à Salé, le 26 février 1653, signifia à Pierre Citrani son acte de révocation. Citrani résista et continua à percevoir les droits, prétendant que Prat l'avait commissionné pour trois années, lesquelles n'expiraient, d'après lui, que le 7 mai 1653. Il fallut une « ordonnance du gouverneur et officierie de la ville de Sallés », datée du 27 avril 1653, pour contraindre Citrani à renoncer à sa prétention. Rentré en France, il cita Henri Prat devant la cour du parlement d'Aix (25 juin 1653), l'affaire dura sept ans et, par arrêt du 30 juin 1660, Citrani fut débouté.

Entre temps, l'ancien vice-consul retourna à Salé pour faire du commerce. Ayant refusé d'acquitter les droits, il reçut le 11 novembre 1654 une sommation de Parasol et fut compris par la suite dans l'action intentée par Henri Prat à tous les marchands coupables de cette contravention. On a vu que cette affaire se termina le 25 mai 1664 par la condamnation des délinquants.

Antoine Julien-Parasol[1]. — Ce Marseillais avait fait en 1652 un voyage à Salé pour recouvrer les fonds provenant de la gestion de Pierre Citrani, vice-consul à Salé et à Tétouan pour Henri Prat, en même temps qu'agent commercial de ce dernier. A son retour à Marseille, il fut choisi par Henri Prat pour remplacer Citrani révoqué de ses fonctions, et arriva à Salé au commencement de 1653.

L'exercice de sa charge fut surtout marqué par la construction à Salé d'une chapelle consulaire à l'usage des religieux récollets, au sujet de laquelle Louis XIV avait adressé à Henri Prat les instructions les plus formelles.

Comme il fallait s'y attendre, Parasol eut des difficultés avec les marchands français au sujet de l'acquittement des droits de consulat, et sa principale occupation fut de signifier des sommations aux récalcitrants. Il était encore en fonctions en 1661.

Lambert. — Pendant la guerre de la France avec l'Espagne (1635-1659), plusieurs capitaines français de navires marchands, voulant éviter la côte espagnole, allèrent relâcher sur le littoral du

1. Cf. Arch. dép. des Bouches-du-Rhône, Section d'Aix, *Série B, Parlement, Registre des arrêts à la barre* (janvier-février 1653), arrêt du 18 janvier 1653 et *Ibidem, Registre des arrêts à la barre* (23 mai-30 juin 1660) *arrêt du 30 juin 1660.*

Rif[1], au lieu dit El-Mezemma, entre le Peñon de Velez et Melilla. Ce mouillage, situé dans la Mersat el-Moudjahadin (la Baie des Combattants pour la foi), fut reconnu très favorable à un établissement commercial. Il était abrité par des îlots rocheux[2] que nos marchands et nos marins appelèrent les îlots d'Albouzèmes, par une corruption du mot El-Mezemma. Le cardinal Mazarin[3], informé de ce fait, conçut le projet de faire occuper ces îlots ainsi que ceux des Zaffarines (Chiffalines) par quelque compagnie de marchands ; il proposa même de mettre cent mille livres « du sien » à ces futurs établissements, pour les rendre utiles au commerce de France. On était entré en pourparlers avec le chef du pays, le cheikh Arass[4], qui avait manifesté des dispositions bienveillantes. Dans ces conditions, Mazarin fit nommer par anticipation, en 1655 ou 1657[5], un sieur Lambert, consul des îles d'Albouzèmes, « pour en exercer la charge, après que les négociants y auront commencé des établissemens ».

Le désir de Mazarin de voir une Compagnie fonder sur la côte du Rif une exploitation analogue à celle du Bastion de France ne fut pas réalisé de son vivant, et l'office de consul créé pour le s[r] Lambert resta sans objet. Nos navires de commerce continuèrent de fréquenter cette côte, traitant avec les indigènes quelques affaires de cire. Ce ne fut que dix ou douze années après cette tentative qu'une compagnie appelée « Compagnie des Albouzèmes » sollicita et obtint par lettres patentes d'octobre 1665 de faire le commerce à « Albouzème et lieux en dépendants[6] ».

1. V. 2e *Série*, France, *Mémoire de P. A[riste]*, à la date 1667.

2. Le plus important de ces îlots, sur lequel les Espagnols ont construit le présido d'Alhucemas, est appelé par les indigènes Hadjerat en-Nekour. On sait que l'oued en-Nekour vient se jeter dans la Mersat el-Moudjahadin.

3. Sur ce premier essai d'établissement aux îlots d'Albouzème, V. 2e *Série*, France, *Mémoire du chevalier de Clerville*, janvier 1662.

4. V. l'indication du territoire dépendant du ce cheikh sur la *Carte politique du Maroc en 1660*, p. 1.

5. P. Ariste, dans son mémoire (*op. cit.*), s'exprime ainsi : « Un nommé, le sieur Lambert fut pourveu, il y a dix ou douze ans,.. ». Or il rédigea son Mémoire en 1667, ce qui reporte à 1655 ou 1657 ce premier essai de consulat à Albouzème.

6. V. 2e *Série*, France, *Lettres patentes pour la Compagnie des Albouzemes*, octobre 1665.

INDEX ALPHABÉTIQUE

DES AGENTS ET VOYAGEURS FRANÇAIS AU MAROC

(1530-1660)

Pages.

Bandol (François de Boyer, sieur de). XCIV
Bérard (Guillaume). VI
Boniface de Cabanes (Robert de). L
Boniface (François de), voir La Mole.
Bordot (Robert). IV
Bourgaronne. LXXXIII
Boyer (François de), voir Bandol.
Buade (Geoffroy de). II

Cabanes, voir Boniface de Cabanes.
Cabiron (Antoine). LXXXVII
Cabrette (Louis). IV
Castelane (Jean Philippe). XXXIII
Citrani (Pierre). C
Curiol (Guillaume). XXXII

Damians (Guy). XIII
Du Chalard (Priam-Pierre). LXXIII
Du Mas (Claude). LIV
Du Puy (Julien). LXXXIV

Fabre (Jacques). XLVIII
Fornier (Georges). XXVII

Hubert (Étienne). XXII

Imbert (Paul). LVIII

Jancart (Jacques). XLVIII
Julien-Parasol, voir Parasol.

Lambert. CII
La Mole (François de Boniface, sieur de). LVII
Le Bel (Paul). XLVII

Le Blanc (Vincent). x
Le Gendre (les) LIX
Le Gendre (Jean-Baptiste). LXIII
Le Gendre (Thomas). LIX
Lisle (Arnoult de). XIII

Marges (Jean). XC
Marseilles (Robert de). XXIX
Mazet (Pierre). LXXIX
Mocquet (Jean). XXIX
Molères (Vital de). LXXVIII
Molon (Aymond de). I
Montfort (de). III

Parasol (Antoine Julien-). CII
Philippe, voir Castelane.
Piton (Pierre de). I
Prat (André). XCIII
Prat (Henri). XCVI
Prunay. III

Rastin (Gaspard de). LXXXVIII
Razilly (Isaac de). LXIV

Saint-Mandrier (Antoine de Sallettes, sieur de). XXXIX
Sallettes, voir Saint-Mandrier.

Treillault (Pierre). XXI

Vertia (François). IX
Voiture (Vincent). LXXXIV

CHARTRES. — IMPRIMERIE DURAND, RUE FULBERT.

www.ingramcontent.com/pod-product-compliance
Lightning Source LLC
LaVergne TN
LVHW020341230826
846091LV00003B/946

9782013633208